武品

U0642548

勿使前辈之遗珍失于我手
勿使国术之精神止于我身

先贤已逝，空谷回响。

余音袅袅，人心怅怅。

传道闻香，祈愿强强。

愿我中华，文武皆扬。

张大辉 著

孙式

太极拳心解

三十年道功修习体悟

北京科学技术出版社

图书在版编目（CIP）数据

孙式太极拳心解：三十年道功修习体悟 / 张大辉著
. — 北京：北京科学技术出版社，2021.1
ISBN 978-7-5714-1249-4

Ⅰ . ①孙… Ⅱ . ①张… Ⅲ . ①太极拳—基本知识
Ⅳ . ① G852.11

中国版本图书馆 CIP 数据核字 (2020) 第 248178 号

策划编辑：胡志华
责任编辑：胡志华
责任校对：贾　荣
责任印制：张　良
装帧设计：志　远
出 版 人：曾庆宇
出版发行：北京科学技术出版社
社　　址：北京西直门南大街 16 号
邮政编码：100035
电话传真：0086-10-66135495（总编室）
　　　　　0086-10-66113227（发行部）
网　　址：www.bkydw.cn
印　　刷：保定市中画美凯印刷有限公司
开　　本：710mm × 1000mm　1/16
字　　数：278 千字
印　　张：20.75
插　　页：4
版　　次：2021 年 1 月第 1 版
印　　次：2021 年 1 月第 1 次印刷
ISBN 978-7-5714-1249-4
定　　价：119.00 元

孙式太极拳道功创始人孙禄堂先生（1860—1933）

孙式太极拳道功传世人孙剑云先生（1914—2003）

孙剑云先生和著者示范孙式太极拳推手（1995，山西太原）

中国航空体育协会推广普及孙式太极拳道功（2017，中国航空制造技术研究院）

著者在北京大学讲授孙式太极拳道功（2014，北京大学对外汉语学院）

著者在清华大学讲授孙式太极拳道功
（2019，第三届清华大学新民主题文化论坛）

孙式张支太极文化俱乐部五周年庆典纪念

# 著者小传

　　张大辉，蒙古族，元太祖成吉思汗十七世孙阿勒坦汗（又称俺答汗，明朝封顺义王）后裔。生于1964年，内蒙古赤峰人，现居北京。当代主流太极之一——孙式太极拳道功的第三代传人，孙剑云先生的弟子。蒙古密法专家。1988年毕业于清华大学机械工程系。工学博士，高级工程师，中国航空体育协会太极文化顾问，中国武术五段。曾任中国航空工业北京航空制造工程研究所所长助理。现任中国航空制造技术研究院特级业务经理、院太极协会名誉会长。同时兼任内蒙古赤峰、山西大同、浙江建德、江苏常州中简科技、京城控股等多地多家孙式太极拳和蒙古密法研究机构的负责人或名誉负责人。

　　张大辉是孙式太极拳及其道功和蒙古密法的主要传承人和代表人物之一，太极文化"七步九点论"的提出者。

　　1982年随外祖父白相瑞（蒙古族，1908—1991年，蒙古密法专家，蒙古学学者，蒙医专家）修习蒙古密法。

1992年师从中国十大武术名师之一——孙剑云先生（1914—2003年，孙式太极拳创始人孙禄堂先生之女）学习孙式太极拳、形意拳、八卦拳、八卦剑等，是孙剑云先生的入室弟子，也是孙禄堂先生晚年武学的主要传承人。

2011年7月，张大辉入选《中国太极拳大百科》。2013年1月申报的"孙式太极拳"项目入选北京市朝阳区区级非物质文化遗产代表性项目。2015年6月，张大辉被确定为北京市朝阳区区级非物质文化遗产代表性项目——孙式太极拳代表性传承人。2015年6月，入选世界太极拳网"我最喜爱的中华太极人物"。

曾配合孙剑云先生拍摄孙式太极拳推手录像、拳照等。撰写《孙式太极拳文化内涵初探》《蒙古密法简介》《太极文化的七步九点论》《太极拳进境三意三形说》《太极拳修习学案教学法》等多篇文章。出版了《孙式太极拳拳架解析》《十五式办公室太极拳》《十五式办公室太极拳精要》等专著。

在太极文化传播方面，张大辉以中国航空体育协会作为平台，以讲座、培训、开办俱乐部等多种形式，在多地举办了多场内容丰富、形式多样的太极文化传播活动。

# 前 言

孙式太极拳道功由孙禄堂先生晚年所创，后经孙剑云先生带领我们师兄弟进一步完善，历经数十年的纯功打造和精心设计。

孙式太极拳道功架由 87 式 377 个要素组成，13 个开合手拳式贯穿其间。1992 年至 2003 年，我有幸师从剑云先生研习孙式三拳三剑，在辅助剑云先生整理孙式太极拳道功的过程中，得窥孙式武学的堂奥，领略孙式武学健益身心的深刻文化内涵，进一步领悟到孙式武学的博大精深。

静穆来袭、跃然于形、摆荡周折、悄平寻奇、踽踽独行、僧敲月下、势定乾坤、携鞭初探、踌躇思绪等 377 个要素构成了孙式太极拳道功的基本单元，恰似广袤苍穹，繁星点点。由谛听良久、西伯思贤、开门观远、掩门待贤等要素组成的 13 个开合手（其中 3 个开合手由开门观远和掩门待贤 2 个要素构成）穿插其间，又如星宿烂漫，开合关联。整体错落有致，含义深远，健益身心，其道渊渊。

从开合而论，其组成要素所喻示的思想、任贤、视野、胸怀等文化内涵作为孙式太极拳道功中开合手拳式形而上的文化提升，可谓醒目、精致、独到、精彩。通过 13 个开合环节，反复阐明孙式太极拳道功的身心之用。

同时，借助 377 个要素，浅斟低唱，娓娓道来：孙式太极拳道功身心之用，千姿百态，方方面面，细腻之微，不可尽数。

先贤已逝，空谷回响。余音袅袅，人心怅怅。

传道闻香，祈愿强强。愿我中华，文武皆扬。

孙式太极拳道功第三代传人　张大辉

2020 年 2 月 28 日

# 目　录

第一章　　孙式太极拳道功概述　　001

第一节　孙式太极拳道功修为浅说　　002

第二节　无极禅定、太极冥想、书院行功之间的关系　　003

第三节　孙式太极拳道功情怀风格论及书院格局　　003

第四节　孙式太极拳道功的无极禅定　　005

第五节　孙式太极拳道功的太极冥想　　007

第二章　　孙式太极拳道功的书院行功　　009

第一节　孙式太极拳98式拳谱（孙禄堂先生拳谱）　　010

第二节　孙式太极拳道功87式拳谱及其要素表达　　012

第三节　孙式太极拳道功行拳要领总说　　014

第三章　　孙式太极拳道功书院行功之要素图文解析　　025

第一节　耕读堂（1/1）　　026

第二节　临观阁（1/8）　　035

第三节　开合殿（左式）（1左/13）　　038

第四节　演武厅（1/8）　　　　　　　　041

第五节　望远楼（1/1）　　　　　　　　042

第六节　贞德馆（1/3）　　　　　　　　043

第七节　开合殿（正面）（2正/13）　　047

第八节　诸葛庐（左式）（1左/5）　　　048

第九节　将军署（1/1）　　　　　　　　055

第十节　独危阁（1/2）　　　　　　　　056

第十一节　开合殿（右式）（3右/13）　061

第十二节　诸葛庐（右式）（2右/5）　　063

第十三节　临观阁（2/8）　　　　　　　069

第十四节　开合殿（左式）（4左/13）　070

第十五节　演武厅（2/8）　　　　　　　070

第十六节　自在楼（1/1）　　　　　　　071

第十七节　贞德馆（2/3）　　　　　　　089

第十八节　开合殿（正面）（5正/13）　091

第十九节　诸葛庐（左式）（3左/5）　　091

第二十节　博思楼（1/2）　　　　　　　092

第二十一节　临观阁（3/8）　　　　　　105

第二十二节　开合殿（左式）（6左/13）107

第二十三节　演武厅（3/8）　　　　　　107

第二十四节　紫云庭（1/1）　　　　　　108

第二十五节　独危阁（2/2）　　　　　　143

第二十六节　开合殿（右式）（7右/13）　　　　144

第二十七节　诸葛庐（右式）（4右/5）　　　　145

第二十八节　临观阁（4/8）　　　　146

第二十九节　开合殿（左式）（8左/13）　　　　147

第三十节　演武厅（斜）（4/8）　　　　147

第三十一节　沧浪亭（1/1）　　　　148

第三十二节　临观阁（5/8）　　　　151

第三十三节　开合殿（左式）（9左/13）　　　　152

第三十四节　演武厅（5/8）　　　　153

第三十五节　天地祠（1/1）　　　　153

第三十六节　临观阁（6/8）　　　　164

第三十七节　开合殿（左式）（10左/13）　　　　165

第三十八节　演武厅（6/8）　　　　166

第三十九节　遐思阁（1/1）　　　　166

第四十节　贞德馆（3/3）　　　　178

第四十一节　开合殿（正面）（11正/13）　　　　179

第四十二节　诸葛庐（左式）（5左/5）　　　　180

第四十三节　博思楼（2/2）　　　　181

第四十四节　临观阁（7/8）　　　　182

第四十五节　开合殿（左式）（12左/13）　　　　182

第四十六节　演武厅（7/8）　　　　183

第四十七节　高义庐（1/1）　　　　183

第四十八节　临观阁（8/8）　　　　　　　　192

第四十九节　开合殿（左式）（13左/13）　　193

第五十节　演武厅（8/8）　　　　　　　　194

第五十一节　军机处（1/1）　　　　　　　194

第五十二节　龙虎堂（1/1）　　　　　　　200


第四章　　太极文化精要　　　　　　　　211

第一节　太极功法要点　　　　　　　　212

第二节　气质说　　　　　　　　　　212

第三节　医说　　　　　　　　　　213

第四节　兵说　　　　　　　　　　213

第五节　师说　　　　　　　　　　213

第六节　将论　　　　　　　　　　214

第七节　局说　　　　　　　　　　214

第八节　万象法结　　　　　　　　214

第九节　世说新语　　　　　　　　215


第五章　　太极文化宗师语录　　　　　　217

第一节　王宗岳先生语录　　　　　　218

第二节　孙禄堂先生语录　　　　　　219

第三节　孙剑云先生语录　　　　　　226

第六章　　　　著者文章选编　　　　　　　233

第一节　恬淡静泊，志存高远

　　　　——忆先师孙剑云先生　　　　　234

第二节　蒙古密法简介　　　　　　　　　235

第三节　孙式太极拳文化内涵初探　　　　241

第四节　太极拳进境三意三形说　　　　　245

第五节　太极文化的七步九点论　　　　　246

第六节　孙式太极拳变拳实践

　　　　——望图生文兼作人生感悟点滴　252

第七节　太极拳修习学案教学法

　　　　——孙式张支太极拳俱乐部太极文化传习录之一　256

第八节　一个时代的文化高峰

　　　　——孙禄堂先生道功之我见　　　258

第九节　从太极文化说国家建设　　　　　259


第七章　太极文化三友论丛　　　　　　　261

第一节　赤峰市孙式太极拳协会成立

　　　　两周年有感／张卫民　　　　　　262

第二节　密因了义阐中和　大象无形理太极

　　　　——孙式太极拳第三代传人

　　　　张大辉先生侧记／张建峰　　　　265

第三节　一次孙式太极拳变拳

　　　　实践之引言／胡凌清　姚　静　李红军　275

第四节　营造明师效果　志于德技双修

　　　——孙式张支太极拳俱乐部五年

　　　　学习总结 / 冯纪华　　　　　　276

第五节　孙式太极拳道功习练学案 / 张永旺　282

第六节　孙式太极拳道功导

　　　引图 / 潘陆原　邱　嵩　王江波　　284

第七节　廖白先生语录 / 廖　白　述　张大辉　整理　285


附　录　　　　　　　　　　　　　　　287

附录一　北京市朝阳区非物质文化遗产代表性

　　　项目孙式太极拳传承人名录（部分）　288

附录二　孙式张支太极拳道功传承人

　　　名录（部分）　　　　　　　　　290

附录三　孙式张支太极拳、孙式太极拳道功助

　　　传亲友名录（部分）　　　　　　291

附录四　孙式太极拳道功传奇六篇　　　292

附录五　蒙古密法传奇（节选）　　　　313


鸣　谢　　　　　　　　　　　　　　314

第一章

孙式太极拳道功概述

# 第一节 孙式太极拳道功修为浅说

孙式太极拳道功，由无极禅定、太极冥想和书院行功三部分组成。

无极禅定当求绝对之净，共分两层八种境界，是谓静穆来袭、和思澄澈、洗心涤虑、一任静寂，混沌初成、杳杳冥冥、空空洞洞、有无纷呈，是向天地求意。

太极冥想力求相对之静，共分三种状态，是谓闲庭散步、鱼翔浅底、凌波微步，是向人贤求意正形，据形证意，希冀得意。

由前两阶段进入书院行功阶段，是为身心择地而居，为身心相融而来。书院向为古今先贤之理想，使意形结合相融于此，一朝或可得太极之意形，是谓太极拳道功。此孙禄堂老先生创孙式太极拳之旨归，亦如古今先贤学业之意旨。

书院行功追求自如之敬，应由着熟、懂劲而阶及神明，即由重心，而体心，而形心，而意心，最终天心，谓之五心。

须由八节经手，结意、成形、辅导、互动、自修、精讲、考核，最终分享，谓之八节。

习练时，三意三形，逐式标定，人人立案，理悟方行，谓之学案教学。

行拳时，地面、水中、水面三态齐备，方是孙式太极拳道功得法之标志。

之后，加之无极禅定八种境界、太极冥想三种状态等辅助，方可渐至功成。

最终，孙式太极拳道功的艺术成就还需十八种情怀、十二种风格分别浸染。

如此，专心致志三至五年，孙式太极拳道功修为可告一段落。

## 第二节　无极禅定、太极冥想、书院行功之间的关系

总结孙式太极拳道功的修为之道，得出其修习主旨三字要诀——净、静、敬。因"净"生自有，谓之天、地、人三才；因"静"知有贤，谓之流转四象；因"敬"识尊卑，谓之生克五行。故习得净、静、敬，圆满自随矣。如此，修行有年，精进不已，自五行圆满，渐至六合发达，七星指引，八卦称心，九宫随意。孙式太极拳道功助修行得全矣！

无极禅定是一大境界，太极冥想是一全境界，书院行功共计87式377个要素，确是一烦境界。大境得净谓之意，全境得静谓之形，净意静形入烦境，无极还原终得敬。以此敬意度人生，正宜修行踪往圣。

## 第三节　孙式太极拳道功情怀风格论及书院格局

孙式太极拳道功运行最终以87式377个要素（简称87377）展现，虽然存在部分重复，但重复要素的意境展现并非完全一致（仅有小部分意境在形式上完全重复，但细细品味其在整体格局中仍有细微差别）。所以，377个要素各有分工，这也是由道功的用于修行者身心健益的最终目的所决定的。太极拳是意和形相互融合的一门实践科学，所以在道功修为中，每一个要素都是一个意和形相互作用的小场景，为了方便指导修行者，我们特以12种风格18种情怀来阐述书院行功过程中诸多小场

景（377 个要素）意形作用的共性规律，详见表 2-3-1，总结摘录如图 1-3-1 所示。

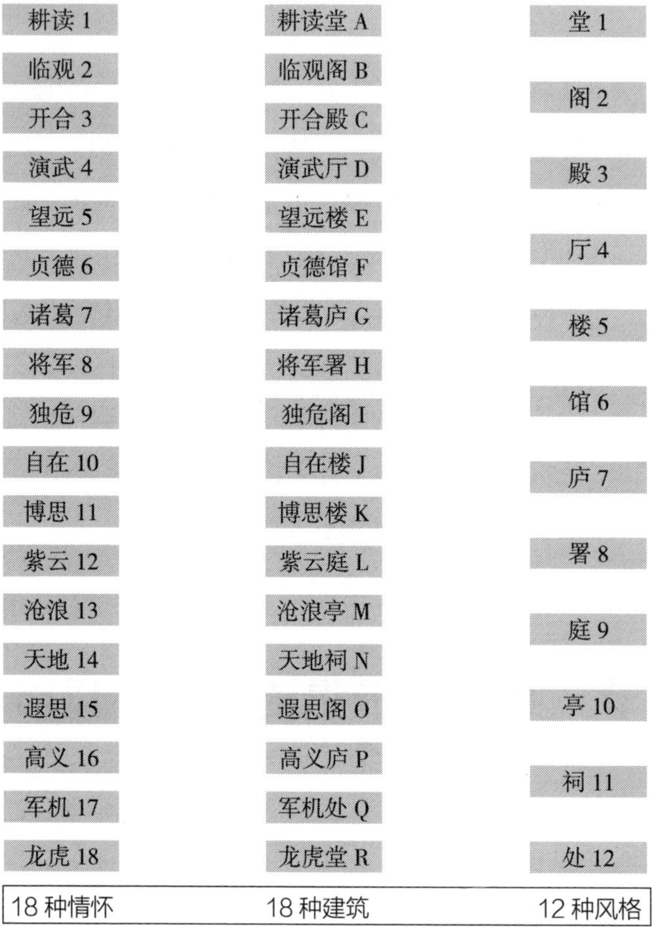

| 18 种情怀 | 18 种建筑 | 12 种风格 |
| --- | --- | --- |
| 耕读 1 | 耕读堂 A | 堂 1 |
| 临观 2 | 临观阁 B | 阁 2 |
| 开合 3 | 开合殿 C | 殿 3 |
| 演武 4 | 演武厅 D | 厅 4 |
| 望远 5 | 望远楼 E | 楼 5 |
| 贞德 6 | 贞德馆 F | 馆 6 |
| 诸葛 7 | 诸葛庐 G | 庐 7 |
| 将军 8 | 将军署 H | 署 8 |
| 独危 9 | 独危阁 I | 庭 9 |
| 自在 10 | 自在楼 J | 亭 10 |
| 博思 11 | 博思楼 K | 祠 11 |
| 紫云 12 | 紫云庭 L | 处 12 |
| 沧浪 13 | 沧浪亭 M | |
| 天地 14 | 天地祠 N | |
| 遐思 15 | 遐思阁 O | |
| 高义 16 | 高义庐 P | |
| 军机 17 | 军机处 Q | |
| 龙虎 18 | 龙虎堂 R | |

图 1-3-1 情怀、风格及其形成的"书院建筑"

依据孙禄堂先生晚年创立孙式太极拳道功"武者文风，书院随身"的主导原则，孙剑云先生再三斟酌，决定由我执笔，按照孙式太极拳 98 式 13 个开手、13 个合手（以下简称"13 个开合手"拳式）的前后运行顺序，构造太极书院，如图 1-3-2 所示。

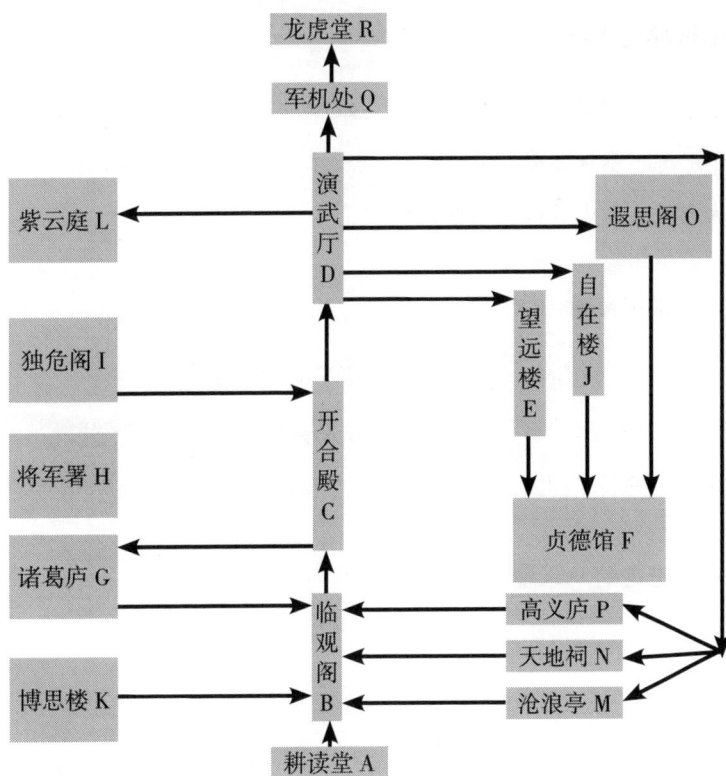

图 1-3-2　孙式太极拳道功的太极书院

# 第四节　孙式太极拳道功的无极禅定

　　无极禅定是一大境界，人人先天自有，后渐为物欲所蔽，遂至遁形隐踪，无从得识，导致精神疲惫、道德昏暗。所以用净，自剥其意，力求净尽，从静穆来袭到有无纷呈，历二层八境界（以下称"二八境界"），以至于无我仅有天地，此时天清地阔，我魂荡漾，岂不自在乃至于永恒？无极禅定功法如图 1-4-1 所示。

### 无极禅定之形

小形——两足分开成 90°，两足跟尽量相贴。

中形——身体恭肃。

大形——沙中立杆，整体端庄。

### 无极禅定之意

小意——心无所想，意无所注，眼无所观，体无所形。

中意——静穆来袭，和思澄澈，洗心涤虑，一任静寂。

大意——混沌初成，杳杳冥冥，空空洞洞，有无纷呈。

### 无极禅定的二八境界

第一层四种境界：

静穆来袭——冥冥之中，或可期之（外缘可籍）。

和思澄澈——来时就形，黄金分割（我执有为）。

洗心涤虑——三意渐显，鼎足有成（色中示空）。

一任静寂——一念之间，尘凡顿易（念起即有）。

第二层四种境界：

混沌初成——偶之空界，失其所在（一念得空）。

杳杳冥冥——得空有时，渐具空性（空籍二念）。

空空洞洞——空中有空，色不异空（空中念杳）。

有无纷呈——诸缘有辙，花开花落（空中无我）。

图 1-4-1　无极禅定的形、意及其二八境界

# 第五节　孙式太极拳道功的太极冥想

太极冥想是一全境界，人人的终身梦想，但唯圣贤得而有之。思圣得贤，人生追求，小处当从头正、腰塌、膝弯、脚平做起。头正人不歪，腰塌上下连，膝弯知谦卑，脚平行万里。深藏恭肃，稍加跃然，怡然相望，环顾周乡，扬鞭指远，悠然畅往。三害九要，约意束形，附于其上，托于其内。潜龙勿用时，肃穆端庄，思虑周详，内外兼顾，意蕴悠长。飞龙在天时，耀然马上，光亮堂堂，沉吟涵远，有朋八方。太极冥想功法如图 1-5-1 所示。

### 太极冥想之形

小形——头正，腰塌，膝弯，脚平。

中形——深藏恭肃，稍加跃然。

大形——怡然相望，环顾周乡，扬鞭指远，悠然畅往。

### 太极冥想之意

小意——避三害守九要。

三害：努气、拙力和腆胸提腹。

九要：一塌、二扣、三提、四顶、五裹、六松、七垂、八缩、九起钻落翻要分明。

附于其上，托于其内。

中意——肃穆端庄，思虑周详，内外兼顾，意蕴悠长。

大意——耀然马上，光亮堂堂，沉吟涵远，有朋八方。

### 太极冥想的三种状态

第一状态：闲庭散步（地面）———切规矩。

第二状态：鱼翔浅底（水中）——规矩一切。

第三状态：凌波微步（水面）——刹那规矩。

太极冥想的三种状态有诗为证：

闲庭散步恰春风，万般根基九要中；

鱼翔浅底真自在，意蕴悠长有道功；

凌波微步神仙境，有朋八方解世情。

图 1-5-1 太极冥想的形、意及其三种状态

第二章

孙式太极拳道功的书院行功

# 第一节　孙式太极拳98式拳谱（孙禄堂先生拳谱）

孙式太极拳道功的书院行功设计了377个场景动作，即377个要素。377个要素全部由孙式太极拳98式拳架细分而来。

孙禄堂先生在1919年（民国八年）10月出版的《太极拳学》（以下简称禄堂版）中述及的孙式太极拳共有98个拳式，名称如下。

| | | | |
|---|---|---|---|
| 第1式 | 无极学 | 第2式 | 太极学 |
| 第3式 | 懒扎衣学 | 第4式 | 开手学 |
| 第5式 | 合手学 | 第6式 | 单鞭学 |
| 第7式 | 提手上式学 | 第8式 | 白鹤亮翅学 |
| 第9式 | 开手学 | 第10式 | 合手学 |
| 第11式 | 搂膝拗步学 | 第12式 | 手挥琵琶式学 |
| 第13式 | 进步搬拦捶学 | 第14式 | 如封似闭学 |
| 第15式 | 抱虎推山学 | 第16式 | 开手学 |
| 第17式 | 合手学 | 第18式 | 搂膝拗步学 |
| 第19式 | 手挥琵琶式学 | 第20式 | 懒扎衣学 |
| 第21式 | 开手学 | 第22式 | 合手学 |
| 第23式 | 单鞭学 | 第24式 | 肘下看捶学 |
| 第25式 | 倒辇猴左式学 | 第26式 | 倒辇猴右式学 |
| 第27式 | 手挥琵琶式学 | 第28式 | 白鹤亮翅学 |
| 第29式 | 开手学 | 第30式 | 合手学 |
| 第31式 | 搂膝拗步学 | 第32式 | 手挥琵琶式学 |
| 第33式 | 三通背学 | 第34式 | 开手学 |

| | | | |
|---|---|---|---|
| 第35式 | 合手学 | 第36式 | 单鞭学 |
| 第37式 | 云手学 | 第38式 | 高探马学 |
| 第39式 | 右起脚学 | 第40式 | 左起脚学 |
| 第41式 | 转身踢脚学 | 第42式 | 践步打捶学 |
| 第43式 | 翻身二起学 | 第44式 | 披身伏虎学 |
| 第45式 | 左踢脚学 | 第46式 | 右蹬脚学 |
| 第47式 | 上步搬拦捶学 | 第48式 | 如封似闭学 |
| 第49式 | 抱虎推山学 | 第50式 | 右转开手学 |
| 第51式 | 右转合手学 | 第52式 | 搂膝拗步学 |
| 第53式 | 手挥琵琶式学 | 第54式 | 懒扎衣学 |
| 第55式 | 开手学 | 第56式 | 合手学 |
| 第57式 | 斜单鞭学 | 第58式 | 野马分鬃学 |
| 第59式 | 开手学 | 第60式 | 合手学 |
| 第61式 | 单鞭学 | 第62式 | 右通背掌学 |
| 第63式 | 玉女穿梭学 | 第64式 | 手挥琵琶式学 |
| 第65式 | 懒扎衣学 | 第66式 | 开手学 |
| 第67式 | 合手学 | 第68式 | 单鞭学 |
| 第69式 | 云手学 | 第70式 | 云手下势学 |
| 第71式 | 更鸡独立学 | 第72式 | 倒辇猴学 |
| 第73式 | 手挥琵琶式学 | 第74式 | 白鹤亮翅学 |
| 第75式 | 开手学 | 第76式 | 合手学 |
| 第77式 | 搂膝拗步学 | 第78式 | 手挥琵琶式学 |
| 第79式 | 三通背学 | 第80式 | 开手学 |
| 第81式 | 合手学 | 第82式 | 单鞭学 |
| 第83式 | 云手学 | 第84式 | 高探马学 |

| 第 85 式 | 十字摆莲学 | 第 86 式 | 进步指裆捶学 |
| --- | --- | --- | --- |
| 第 87 式 | 退步懒扎衣学 | 第 88 式 | 开手学 |
| 第 89 式 | 合手学 | 第 90 式 | 单鞭学 |
| 第 91 式 | 单鞭下势学 | 第 92 式 | 上步七星学 |
| 第 93 式 | 下步跨虎学 | 第 94 式 | 转角摆莲学 |
| 第 95 式 | 弯弓射虎学 | 第 96 式 | 双撞捶学 |
| 第 97 式 | 阴阳混一学 | 第 98 式 | 无极还原学 |

# 第二节　孙式太极拳道功 87 式拳谱及其要素表达

　　文中所列功架源自传统孙式太极拳 98 式。孙禄堂先生在晚年的道功研究中，将传统 98 式中的开手学和合手学（各 13 式）并为一式，称之为开合手学，文中称开合手。传统 98 式孙式太极拳中的三通背学共计两式，在后续的孙式太极拳道功研究中，将三通背学中的懒扎衣要素单独列出，称之为懒扎衣式。如此，传统的孙式太极拳 98 式就演变为如今的 87 式。此为孙式太极拳道功 87 式功架的由来，具体拳式名称如下。

| 第 1 式 | 无极态 | 第 2 式 | 太极态 |
| --- | --- | --- | --- |
| 第 3 式 | 懒扎衣 | 第 4 式 | 开合手 |
| 第 5 式 | 单鞭 | 第 6 式 | 提手上式 |

| 第7式 | 白鹤亮翅 | 第8式 | 开合手 |
| 第9式 | 搂膝拗步 | 第10式 | 手挥琵琶 |
| 第11式 | 进步搬拦捶 | 第12式 | 如封似闭 |
| 第13式 | 抱虎推山 | 第14式 | 开合手 |
| 第15式 | 搂膝拗步 | 第16式 | 手挥琵琶 |
| 第17式 | 懒扎衣 | 第18式 | 开合手 |
| 第19式 | 单鞭 | 第20式 | 肘下看捶 |
| 第21式 | 倒辇猴 | 第22式 | 手挥琵琶 |
| 第23式 | 白鹤亮翅 | 第24式 | 开合手 |
| 第25式 | 搂膝拗步 | 第26式 | 手挥琵琶 |
| 第27式 | 三通背 | 第28式 | 懒扎衣 |
| 第29式 | 开合手 | 第30式 | 单鞭 |
| 第31式 | 云手 | 第32式 | 高探马 |
| 第33式 | 右起脚 | 第34式 | 左起脚 |
| 第35式 | 转身蹬脚 | 第36式 | 践步打捶 |
| 第37式 | 翻身右起脚 | 第38式 | 披身伏虎 |
| 第39式 | 左起脚 | 第40式 | 转身右蹬脚 |
| 第41式 | 上步搬拦捶 | 第42式 | 如封似闭 |
| 第43式 | 抱虎推山 | 第44式 | 开合手 |
| 第45式 | 搂膝拗步 | 第46式 | 手挥琵琶 |
| 第47式 | 懒扎衣 | 第48式 | 开合手 |
| 第49式 | 斜单鞭 | 第50式 | 野马分鬃 |
| 第51式 | 懒扎衣 | 第52式 | 开合手 |
| 第53式 | 单鞭 | 第54式 | 右通背掌 |
| 第55式 | 玉女穿梭 | 第56式 | 手挥琵琶 |

| | | | |
|---|---|---|---|
| 第57式 | 懒扎衣 | 第58式 | 开合手 |
| 第59式 | 单鞭 | 第60式 | 云手 |
| 第61式 | 云手下势 | 第62式 | 更鸡独立 |
| 第63式 | 倒撵猴 | 第64式 | 手挥琵琶 |
| 第65式 | 白鹤亮翅 | 第66式 | 开合手 |
| 第67式 | 搂膝拗步 | 第68式 | 手挥琵琶 |
| 第69式 | 三通背 | 第70式 | 懒扎衣 |
| 第71式 | 开合手 | 第72式 | 单鞭 |
| 第73式 | 云手 | 第74式 | 高探马 |
| 第75式 | 十字摆莲 | 第76式 | 进步指裆捶 |
| 第77式 | 退步懒扎衣 | 第78式 | 开合手 |
| 第79式 | 单鞭 | 第80式 | 单鞭下势 |
| 第81式 | 上步七星 | 第82式 | 下步跨虎 |
| 第83式 | 转角摆莲 | 第84式 | 弯弓射虎 |
| 第85式 | 双撞捶 | 第86式 | 阴阳混一 |
| 第87式 | 无极还原 | | |

# 第三节　孙式太极拳道功行拳要领总说

### 头面部

行拳过程中，面部表情自然。头项端正松竖，虚虚向上领起，眼睛平视前方，尽量用余光扫视周边。口微闭，齿轻合，舌顶上腭，下颌里收。呼吸自然，用鼻呼吸或鼻吸口呼。

**上肢部**

肩部松沉，腋下虚开。肘部始终寓有垂意。手腕部松塌，分为里塌和外塌。五指分开，手心虚含，如同抓抱一大球。成拳时，先将除拇指外的其余四指同时向里卷曲，扣向手心部，勿攥紧，再将拇指卷曲扣向食指和中指的中节，整体微微用力成拳。

**躯干部**

胸部放松，勿刻意内含。背部随头项松竖微微拔起。腹部松静，随呼吸运行自然运动即可，切忌刻意鼓荡。腰部松沉兼松竖，称为塌腰。臀部随腰腹动作松敛。

**下肢部**

裆部虚圆兼松圆，胯宜松软，膝部略弯，足踝部放松，足掌松平，足心微微内含。

表 2-3-1 为孙式太极拳道功 87 式功架要素解析。

**表 2-3-1  孙式太极拳道功 87 式功架要素解析**

| 功架序号 | 式名 | 要素 | 式中要素序号 | 总要素序号 | 太极书院表达 |
|---|---|---|---|---|---|
| 第1式 | 无极态 | 静穆来袭 | 沙中立杆 1-1 | 1 | |
| 第2式 | 太极态 | 跃然于形 | 意在形先 2-1 | 2 | |
| 第3式 | 懒扎衣 | 摆荡周折 | 3-1 | 3 | 耕读堂 |
| | | 悄平寻奇 | 3-2 | 4 | |
| | | 仍循旧迹 | 3-3 | 5 | |
| | | 扪心自问 | 3-4 | 6 | |
| | | 千里之行 | 3-5 | 7 | |
| | | 躬身侍亲 | 3-6 | 8 | |
| | | 转关出奇 | 3-7 | 9 | |
| | | 回身思量 | 3-8 | 10 | |

| 功架序号 | 式名 | 要素 | 式中要素序号 | 总要素序号 | 太极书院表达 |
|---|---|---|---|---|---|
| 第3式 | 懒扎衣 | 翻手为云 | 3–9 | 11 | 耕读堂 |
| | | 拨云观海 | 3–10 | 12 | |
| | | 临海观潮 | 3–11 | 13 | 临观阁 |
| | | 太公探海 | 3–12 | 14 | |
| | | 踽踽独行 | 3–13 | 15 | |
| 第4式 | 开合手 | 谛听良久 | 4–1 | 16 | 开合殿 |
| | | 西伯思贤 | 4–2 | 17 | |
| | | 开门观远 | 4–3 | 18 | |
| | | 掩门待贤 | 4–4 | 19 | |
| 第5式 | 单鞭 | 携鞭初探 | 5–1 | 20 | 演武厅 |
| | | 定形开鞭 | 5–2 | 21 | |
| 第6式 | 提手上式 | 思之再三 | 6–1 | 22 | 望远楼 |
| | | 凉棚观远 | 6–2 | 23 | |
| 第7式 | 白鹤亮翅 | 顾之在后 | 7–1 | 24 | 贞德馆 |
| | | 瞻之在前 | 7–2 | 25 | |
| | | 一苇渡江 | 7–3 | 26 | |
| | | 逡巡及岸 | 7–4 | 27 | |
| | | 观镜正衣 | 7–5 | 28 | |
| | | 僧敲月下 | 7–6 | 29 | |
| 第8式 | 开合手 | 开门观远 | 8–1 | 30 | 开合殿 |
| | | 掩门待贤 | 8–2 | 31 | |
| 第9式 | 搂膝拗步 | 踌躇思绪 | 9–1 | 32 | 诸葛庐 |
| | | 七上八下 | 9–2 | 33 | |
| | | 持平在心 | 9–3 | 34 | |
| | | 拨草寻蛇 | 9–4 | 35 | |
| | | 清风过耳 | 9–5 | 36 | |
| | | 特立独行 | 9–6 | 37 | |
| 第10式 | 手挥琵琶 | 瞻前顾后 | 10–1 | 38 | |
| | | 繁华落幕 | 10–2 | 39 | |
| 第11式 | 进步搬拦捶 | 重整河山 | 11–1 | 40 | 将军署 |
| | | 逡巡而进 | 11–2 | 41 | |
| | | 一枝独秀 | 11–3 | 42 | 独危阁 |
| 第12式 | 如封似闭 | 亢龙有悔 | 12–1 | 43 | 独危阁 |
| | | 退避三舍 | 12–2 | 44 | |
| | | 虑定思沉 | 12–3 | 45 | |
| 第13式 | 抱虎推山 | 蓄势待机 | 13–1 | 46 | |
| | | 临渊履冰 | 13–2 | 47 | |
| | | 势定乾坤 | 13–3 | 48 | |
| 第14式 | 开合手 | 谛听良久 | 14–1 | 49 | 开合殿 |
| | | 西伯思贤 | 14–2 | 50 | |
| | | 开门观远 | 14–3 | 51 | |
| | | 掩门待贤 | 14–4 | 52 | |

| 功架序号 | 式名 | 要素 | 式中要素序号 | 总要素序号 | 太极书院表达 |
|---|---|---|---|---|---|
| 第15式 | 搂膝拗步 | 踌躇思绪 | 15—1 | 53 | 诸葛庐 |
| | | 七上八下 | 15—2 | 54 | |
| | | 持平在心 | 15—3 | 55 | |
| | | 拨草寻蛇 | 15—4 | 56 | |
| | | 清风过耳 | 15—5 | 57 | |
| | | 特立独行 | 15—6 | 58 | |
| 第16式 | 手挥琵琶 | 瞻前顾后 | 16—1 | 59 | |
| | | 繁华落幕 | 16—2 | 60 | |
| 第17式 | 懒扎衣 | 临海观潮 | 17—1 | 61 | 临观阁 |
| | | 太公探海 | 17—2 | 62 | |
| | | 踽踽独行 | 17—3 | 63 | |
| 第18式 | 开合手 | 谛听良久 | 18—1 | 64 | 开合殿 |
| | | 西伯思贤 | 18—2 | 65 | |
| | | 开门观远 | 18—3 | 66 | |
| | | 掩门待贤 | 18—4 | 67 | |
| 第19式 | 单鞭 | 携鞭初探 | 19—1 | 68 | 演武厅 |
| | | 定形开鞭 | 19—2 | 69 | |
| 第20式 | 肘下看捶 | 长缨在手 | 20—1 | 70 | 自在楼 |
| | | 蓄势弯弓 | 20—2 | 71 | |
| | | 渭水钓叟 | 20—3 | 72 | |
| | | 挑灯看剑 | 20—4 | 73 | |
| | | 临渊羡鱼 | 20—5 | 74 | |
| | | 退而结网 | 20—6 | 75 | |
| | | 花港观鱼 | 20—7 | 76 | |
| 第21式 | 倒撵猴 | 斜阳草树 | 21—1 | 77 | 自在楼 |
| | | 七上八下 | 21—2 | 78 | |
| | | 持平在心 | 21—3 | 79 | |
| | | 拨草寻蛇 | 21—4 | 80 | |
| | | 清风过耳 | 21—5 | 81 | |
| | | 特立独行 | 21—6 | 82 | |
| | | 本相庄严 | 21—7 | 83 | |
| | | 拨草寻蛇 | 21—8 | 84 | |
| | | 清风过耳 | 21—9 | 85 | |
| | | 特立独行 | 21—10 | 86 | |
| | | 本相庄严 | 21—11 | 87 | |
| | | 拨草寻蛇 | 21—12 | 88 | |
| | | 清风过耳 | 21—13 | 89 | |
| | | 特立独行 | 21—14 | 90 | |
| | | 本相庄严 | 21—15 | 91 | |
| | | 拨草寻蛇 | 21—16 | 92 | |
| | | 清风过耳 | 21—17 | 93 | |
| | | 特立独行 | 21—18 | 94 | |
| | | 本相庄严 | 21—19 | 95 | |

| 功架序号 | 式名 | 要素 | 式中要素序号 | 总要素序号 | 太极书院表达 |
|---|---|---|---|---|---|
| 第21式 | 倒撵猴 | 拨草寻蛇 | 21-20 | 96 | 自在楼 |
| | | 清风过耳 | 21-21 | 97 | |
| | | 特立独行 | 21-22 | 98 | |
| | | 本相庄严 | 21-23 | 99 | |
| | | 拨草寻蛇 | 21-24 | 100 | |
| | | 清风过耳 | 21-25 | 101 | |
| | | 特立独行 | 21-26 | 102 | |
| 第22式 | 手挥琵琶 | 瞻前顾后 | 22-1 | 103 | |
| | | 繁华落幕 | 22-2 | 104 | |
| 第23式 | 白鹤亮翅 | 顾之在后 | 23-1 | 105 | 贞德馆 |
| | | 瞻之在前 | 23-2 | 106 | |
| | | 一苇渡江 | 23-3 | 107 | |
| | | 逡巡及岸 | 23-4 | 108 | |
| | | 观镜正衣 | 23-5 | 109 | |
| | | 僧敲月下 | 23-6 | 110 | |
| 第24式 | 开合手 | 开门观远 | 24-1 | 111 | 开合殿 |
| | | 掩门待贤 | 24-2 | 112 | |
| 第25式 | 搂膝拗步 | 踌躇思绪 | 25-1 | 113 | 诸葛庐 |
| | | 七上八下 | 25-2 | 114 | |
| | | 持平在心 | 25-3 | 115 | |
| | | 拨草寻蛇 | 25-4 | 116 | |
| | | 清风过耳 | 25-5 | 117 | |
| | | 特立独行 | 25-6 | 118 | |
| 第26式 | 手挥琵琶 | 瞻前顾后 | 26-1 | 119 | 诸葛庐 |
| | | 繁华落幕 | 26-2 | 120 | |
| 第27式 | 三通背 | 旁敲侧击 | 27-1 | 121 | 博思楼 |
| | | 趋炎附势 | 27-2 | 122 | |
| | | 七上八下 | 27-3 | 123 | |
| | | 持平在心 | 27-4 | 124 | |
| | | 顶天立地 | 27-5 | 125 | |
| | | 俯首甘为 | 27-6 | 126 | |
| | | 扬鞭指远 | 27-7 | 127 | |
| | | 乾坤挪移 | 27-8 | 128 | |
| | | 扬鞭指远 | 27-9 | 129 | |
| | | 迎头相对 | 27-10 | 130 | |
| | | 一退再退 | 27-11 | 131 | |
| | | 上下齐（同）进 | 27-12 | 132 | |
| | | 毅然决然 | 27-13 | 133 | |
| 第28式 | 懒扎衣 | 临海观潮 | 28-1 | 134 | 临观阁 |
| | | 太公探海 | 28-2 | 135 | |
| | | 踽踽独行 | 28-3 | 136 | |

| 功架序号 | 式名 | 要素 | 式中要素序号 | 总要素序号 | 太极书院表达 |
|---|---|---|---|---|---|
| 第29式 | 开合手 | 谛听良久 | 29-1 | 137 | 开合殿 |
| | | 西伯思贤 | 29-2 | 138 | |
| | | 开门观远 | 29-3 | 139 | |
| | | 掩门待贤 | 29-4 | 140 | |
| 第30式 | 单鞭 | 携鞭初探 | 30-1 | 141 | 演武厅 |
| | | 定形开鞭 | 30-2 | 142 | |
| 第31式 | 云手 | 右式周旋 | 31-1 | 143 | 紫云庭 |
| | | 周旋转关 | 31-2 | 144 | |
| | | 左式周旋 | 31-3 | 145 | |
| | | 周旋转关 | 31-4 | 146 | |
| | | 右式周旋 | 31-5 | 147 | |
| | | 周旋转关 | 31-6 | 148 | |
| | | 左式周旋 | 31-7 | 149 | |
| | | 周旋转关 | 31-8 | 150 | |
| | | 右式周旋 | 31-9 | 151 | |
| | | 周旋转关 | 31-10 | 152 | |
| | | 左式周旋 | 31-11 | 153 | |
| 第32式 | 高探马 | 前后周旋 | 32-1 | 154 | |
| | | 全身而退 | 32-2 | 155 | |
| | | 千般寻机 | 32-3 | 156 | |
| | | 伺机而动 | 32-4 | 157 | |
| 第33式 | 右起脚 | 一朝捧宝 | 33-1 | 158 | |
| | | 垂手肃立 | 33-2 | 159 | |
| | | 寒江独钓 | 33-3 | 160 | |
| 第34式 | 左起脚 | 二度捧宝 | 34-1 | 161 | |
| | | 垂手肃立 | 34-2 | 162 | |
| | | 寒江独钓 | 34-3 | 163 | |
| 第35式 | 转身蹬脚 | 三度捧宝 | 35-1 | 164 | |
| | | 垂手肃立 | 35-2 | 165 | |
| | | 老僧枯禅 | 35-3 | 166 | |
| | | 凤凰展翅 | 35-4 | 167 | |
| 第36式 | 践步打捶 | 清风激（扑）面 | 36-1 | 168 | |
| | | 二度临风 | 36-2 | 169 | |
| | | 俯身探涧 | 36-3 | 170 | |
| 第37式 | 翻身右起脚 | 背倚松石 | 37-1 | 171 | |
| | | 弹衣抖露 | 37-2 | 172 | |
| | | 二度弹衣 | 37-3 | 173 | |
| | | 凭栏望山 | 37-4 | 174 | |
| | | 侧耳听风 | 37-5 | 175 | |
| | | 临崖涉险 | 37-6 | 176 | |
| 第38式 | 披身伏虎 | 左右逢源 | 38-1 | 177 | |
| | | 负笈问教 | 38-2 | 178 | |

| 功架序号 | 式名 | 要素 | 式中要素序号 | 总要素序号 | 太极书院表达 |
|---|---|---|---|---|---|
| 第39式 | 左起脚 | 四度捧宝 | 39-1 | 179 | 紫云庭 |
| | | 垂手肃立 | 39-2 | 180 | |
| | | 寒江独钓 | 39-3 | 181 | |
| 第40式 | 转身右蹬脚 | 百步九折 | 40-1 | 182 | |
| | | 五度捧宝 | 40-2 | 183 | |
| | | 垂手肃立 | 40-3 | 184 | |
| | | 老僧枯禅 | 40-4 | 185 | |
| | | 凤凰展翅 | 40-5 | 186 | |
| 第41式 | 上步搬拦捶 | 投石问路 | 41-1 | 187 | |
| | | 一枝独秀 | 41-2 | 188 | 独危阁 |
| 第42式 | 如封似闭 | 亢龙有悔 | 42-1 | 189 | |
| | | 退避三舍 | 42-2 | 190 | |
| | | 虑定思沉 | 42-3 | 191 | |
| 第43式 | 抱虎推山 | 蓄势待机 | 43-1 | 192 | |
| | | 临渊履冰 | 43-2 | 193 | |
| | | 势定乾坤 | 43-3 | 194 | |
| 第44式 | 开合手 | 谛听良久 | 44-1 | 195 | 开合殿 |
| | | 西伯思贤 | 44-2 | 196 | |
| | | 开门观远 | 44-3 | 197 | |
| | | 掩门待贤 | 44-4 | 198 | |
| 第45式 | 搂膝拗步 | 踌躇思绪 | 45-1 | 199 | 诸葛庐 |
| | | 七上八下 | 45-2 | 200 | |
| | | 持平在心 | 45-3 | 201 | |
| | | 拨草寻蛇 | 45-4 | 202 | |
| | | 清风过耳 | 45-5 | 203 | |
| | | 特立独行 | 45-6 | 204 | |
| 第46式 | 手挥琵琶 | 瞻前顾后 | 46-1 | 205 | |
| | | 繁华落幕 | 46-2 | 206 | |
| 第47式 | 懒扎衣 | 临海观潮 | 47-1 | 207 | 临观阁 |
| | | 太公探海 | 47-2 | 208 | |
| | | 踽踽独行 | 47-3 | 209 | |
| 第48式 | 开合手 | 谛听良久 | 48-1 | 210 | 开合殿 |
| | | 西伯思贤 | 48-2 | 211 | |
| | | 开门观远 | 48-3 | 212 | |
| | | 掩门待贤 | 48-4 | 213 | |
| 第49式 | 斜单鞭 | 携鞭初探 | 49-1 | 214 | 演武厅 |
| | | 定形开鞭 | 49-2 | 215 | |
| 第50式 | 野马分鬃 | 声东击西 | 50-1 | 216 | 沧浪亭 |
| | | 徘徊不前 | 50-2 | 217 | |
| 第51式 | 懒扎衣 | 临海观潮 | 51-1 | 218 | 临观阁 |
| | | 太公探海 | 51-2 | 219 | |
| | | 踽踽独行 | 51-3 | 220 | |

| 功架序号 | 式名 | 要素 | 式中要素序号 | 总要素序号 | 太极书院表达 |
|---|---|---|---|---|---|
| 第52式 | 开合手 | 谛听良久 | 52-1 | 221 | 开合殿 |
| | | 西伯思贤 | 52-2 | 222 | |
| | | 开门观远 | 52-3 | 223 | |
| | | 掩门待贤 | 52-4 | 224 | |
| 第53式 | 单鞭 | 携鞭初探 | 53-1 | 225 | 演武厅 |
| | | 定形开鞭 | 53-2 | 226 | |
| 第54式 | 右通背掌 | 协力托天 | 54-1 | 227 | |
| | | 扬鞭指远 | 54-2 | 228 | |
| 第55式 | 玉女穿梭 | 腹里乾坤 | 55-1 | 229 | 天地祠 |
| | | 嫦娥织锦 | 55-2 | 230 | |
| | | 娲皇补天 | 55-3 | 231 | |
| | | 腹里乾坤 | 55-4 | 232 | |
| | | 嫦娥织锦 | 55-5 | 233 | |
| | | 娲皇补天 | 55-6 | 234 | |
| | | 腹里乾坤 | 55-7 | 235 | |
| | | 嫦娥织锦 | 55-8 | 236 | |
| | | 娲皇补天 | 55-9 | 237 | |
| | | 腹里乾坤 | 55-10 | 238 | |
| | | 嫦娥织锦 | 55-11 | 239 | |
| | | 娲皇补天 | 55-12 | 240 | |
| 第56式 | 手挥琵琶 | 缤纷散去 | 56-1 | 241 | |
| | | 繁华落幕 | 56-2 | 242 | |
| 第57式 | 懒扎衣 | 临海观潮 | 57-1 | 243 | 临观阁 |
| | | 太公探海 | 57-2 | 244 | |
| | | 踽踽独行 | 57-3 | 245 | |
| 第58式 | 开合手 | 谛听良久 | 58-1 | 246 | 开合殿 |
| | | 西伯思贤 | 58-2 | 247 | |
| | | 开门观远 | 58-3 | 248 | |
| | | 掩门待贤 | 58-4 | 249 | |
| 第59式 | 单鞭 | 携鞭初探 | 59-1 | 250 | 演武厅 |
| | | 定形开鞭 | 59-2 | 251 | |
| 第60式 | 云手 | 右式周旋 | 60-1 | 252 | 退思阁 |
| | | 周旋转关 | 60-2 | 253 | |
| | | 左式周旋 | 60-3 | 254 | |
| | | 周旋转关 | 60-4 | 255 | |
| | | 右式周旋 | 60-5 | 256 | |
| 第61式 | 云手下势 | 二度谛听 | 61-1 | 257 | |
| | | 临崖观瀑 | 61-2 | 258 | |
| | | 三体万物 | 61-3 | 259 | |
| 第62式 | 更鸡独立 | 闲庭散步 | 62-1 | 260 | |
| | | 登高望远 | 62-2 | 261 | |
| | | 闲庭散步 | 62-3 | 262 | |
| | | 登高望远 | 62-4 | 263 | |

第二章 孙式太极拳道功的书院行功

| 功架序号 | 式名 | 要素 | 式中要素序号 | 总要素序号 | 太极书院表达 |
|---|---|---|---|---|---|
| 第63式 | 倒辇猴 | 本相庄严 | 63－1 | 264 | 退思阁 |
| | | 拨草寻蛇 | 63－2 | 265 | |
| | | 清风过耳 | 63－3 | 266 | |
| | | 特立独行 | 63－4 | 267 | |
| | | 本相庄严 | 63－5 | 268 | |
| | | 拨草寻蛇 | 63－6 | 269 | |
| | | 清风过耳 | 63－7 | 270 | |
| | | 特立独行 | 63－8 | 271 | |
| | | 本相庄严 | 63－9 | 272 | |
| | | 拨草寻蛇 | 63－10 | 273 | |
| | | 清风过耳 | 63－11 | 274 | |
| | | 特立独行 | 63－12 | 275 | |
| | | 本相庄严 | 63－13 | 276 | |
| | | 拨草寻蛇 | 63－14 | 277 | |
| | | 清风过耳 | 63－15 | 278 | |
| | | 特立独行 | 63－16 | 279 | |
| | | 本相庄严 | 63－17 | 280 | |
| | | 拨草寻蛇 | 63－18 | 281 | |
| | | 清风过耳 | 63－19 | 282 | |
| | | 特立独行 | 63－20 | 283 | |
| 第64式 | 手挥琵琶 | 本相庄严 | 63－21 | 284 | |
| | | 拨草寻蛇 | 63－22 | 285 | |
| | | 清风过耳 | 63－23 | 286 | |
| | | 特立独行 | 63－24 | 287 | |
| | | 瞻前顾后 | 64－1 | 288 | |
| | | 繁华落幕 | 64－2 | 289 | |
| 第65式 | 白鹤亮翅 | 顾之在后 | 65－1 | 290 | 贞德馆 |
| | | 瞻之在前 | 65－2 | 291 | |
| | | 一苇渡江 | 65－3 | 292 | |
| | | 逡巡及岸 | 65－4 | 293 | |
| | | 观镜正衣 | 65－5 | 294 | |
| | | 僧敲月下 | 65－6 | 295 | |
| 第66式 | 开合手 | 开门观远 | 66－1 | 296 | 开合殿 |
| | | 掩门待贤 | 66－2 | 297 | |
| 第67式 | 搂膝拗步 | 踌躇思绪 | 67－1 | 298 | 诸葛庐 |
| | | 七上八下 | 67－2 | 299 | |
| | | 持平在心 | 67－3 | 300 | |
| | | 拨草寻蛇 | 67－4 | 301 | |
| | | 清风过耳 | 67－5 | 302 | |
| | | 特立独行 | 67－6 | 303 | |
| 第68式 | 手挥琵琶 | 瞻前顾后 | 68－1 | 304 | |
| | | 繁华落幕 | 68－2 | 305 | |

| 功架序号 | 式名 | 要素 | 式中要素序号 | 总要素序号 | 太极书院表达 |
|---|---|---|---|---|---|
| 第69式 | 三通背 | 旁敲侧击 | 69-1 | 306 | 博思楼 |
| | | 趋炎附势 | 69-2 | 307 | |
| | | 七上八下 | 69-3 | 308 | |
| | | 持平在心 | 69-4 | 309 | |
| | | 顶天立地 | 69-5 | 310 | |
| | | 俯首甘为 | 69-6 | 311 | |
| | | 扬鞭指远 | 69-7 | 312 | |
| | | 乾坤挪移 | 69-8 | 313 | |
| | | 扬鞭指远 | 69-9 | 314 | |
| | | 迎头相对 | 69-10 | 315 | |
| | | 一退再退 | 69-11 | 316 | |
| | | 上下齐（同）进 | 69-12 | 317 | |
| | | 毅然决然 | 69-13 | 318 | |
| 第70式 | 懒扎衣 | 临海观潮 | 70-1 | 319 | 临观阁 |
| | | 太公探海 | 70-2 | 320 | |
| | | 踽踽独行 | 70-3 | 321 | |
| 第71式 | 开合手 | 谛听良久 | 71-1 | 322 | 开合殿 |
| | | 西伯思贤 | 71-2 | 323 | |
| | | 开门观远 | 71-3 | 324 | |
| | | 掩门待贤 | 71-4 | 325 | |
| 第72式 | 单鞭 | 携鞭初探 | 72-1 | 326 | 演武厅 |
| | | 定形开鞭 | 72-2 | 327 | |
| 第73式 | 云手 | 右式周旋 | 73-1 | 328 | 高义庐 |
| | | 周旋转关 | 73-2 | 329 | |
| | | 左式周旋 | 73-3 | 330 | |
| | | 周旋转关 | 73-4 | 331 | |
| | | 右式周旋 | 73-5 | 332 | |
| | | 周旋转关 | 73-6 | 333 | |
| | | 左式周旋 | 73-7 | 334 | |
| | | 周旋转关 | 73-8 | 335 | |
| | | 右式周旋 | 73-9 | 336 | |
| | | 周旋转关 | 73-10 | 337 | |
| | | 左式周旋 | 73-11 | 338 | |
| 第74式 | 高探马 | 前后周旋 | 74-1 | 339 | |
| | | 全身而退 | 74-2 | 340 | |
| 第75式 | 十字摆莲 | 前后照应 | 75-1 | 341 | |
| | | 牛刀小试 | 75-2 | 342 | |
| | | 杀机暗藏 | 75-3 | 343 | |
| | | 十足亮相 | 75-4 | 344 | |
| 第76式 | 进步指裆捶 | 惊鸿照影 | 76-1 | 345 | |
| | | 鹰击弱水 | 76-2 | 346 | |

| 功架序号 | 式名 | 要素 | 式中要素序号 | 总要素序号 | 太极书院表达 |
|---|---|---|---|---|---|
| 第77式 | 退步懒扎衣 | 捧书思亲 | 77-1 | 347 | 高义庐 |
| | | 心系桑梓 | 77-2 | 348 | |
| | | 叶落归根 | 77-3 | 349 | |
| | | 临海观潮 | 77-4 | 350 | 临观阁 |
| | | 太公探海 | 77-5 | 351 | |
| | | 踽踽独行 | 77-6 | 352 | |
| 第78式 | 开合手 | 谛听良久 | 78-1 | 353 | 开合殿 |
| | | 西伯思贤 | 78-2 | 354 | |
| | | 开门观远 | 78-3 | 355 | |
| | | 掩门待贤 | 78-4 | 356 | |
| 第79式 | 单鞭 | 携鞭初探 | 79-1 | 357 | 演武厅 |
| | | 定形开鞭 | 79-2 | 358 | |
| 第80式 | 单鞭下势 | 和盘托出 | 80-1 | 359 | 军机处 |
| | | 策马疾行 | 80-2 | 360 | |
| 第81式 | 上步七星 | 按辔徐行 | 81-1 | 361 | |
| | | 城下之盟 | 81-2 | 362 | |
| 第82式 | 下步跨虎 | 陈仓暗度 | 82-1 | 363 | |
| | | 罗汉伏虎 | 82-2 | 364 | |
| | | 驭虎而行 | 82-3 | 365 | |
| 第83式 | 转角摆莲 | 百步九折 | 83-1 | 366 | 龙虎堂 |
| | | 虎入深山 | 83-2 | 367 | |
| | | 顺手牵羊 | 83-3 | 368 | |
| 第84式 | 弯弓射虎 | 望虎下山 | 84-1 | 369 | |
| | | 弯弓待射 | 84-2 | 370 | |
| 第85式 | 双撞捶 | 潜龙勿用 | 85-1 | 371 | |
| | | 见龙在田 | 85-2 | 372 | |
| | | 飞龙在天 | 85-3 | 373 | |
| 第86式 | 阴阳混一 | 左出右伏 | 86-1 | 374 | |
| | | 齐头并进 | 86-2 | 375 | |
| | | 双龙入海 | 86-3 | 376 | |
| 第87式 | 无极还原 | 本具淡然 | 87-1 | 377 | |

第三章

孙式太极拳道功书院行功之要素图文解析

百家功夫

本章将表 2-3-1 中的 377 个要素按表中太极书院表达的 52 个环节进行要素图文解析。

# 第一节　耕读堂（1/1）<sup>*</sup>

### 要素 1　静穆来袭（1/1）

如图 3-1-1 所示，两足分开约成 90°，两足跟尽量相贴。身体恭肃，整体端庄，如沙中立杆。心意方面，初为"四无"，即心无所想、意无所注、眼无所观、体无所形；进一步为静穆来袭、和思澄澈、洗心涤虑、一任静寂；理想状态为混沌初成、杳杳冥冥、空空洞洞、有无纷呈。

孙式太极拳道功主要依据三意三形解析各个要素（参见第四章第四节、第六章第四节，下同）。照此原则，用三意三形解析无极式如下。

图 3-1-1　静穆来袭

无极之意：

小意——心无所想，意无所注，眼无所观，体无所形；

中意——静穆来袭，和思澄澈，洗心涤虑，一任静寂；

＊ 斜杠前面的数字表示书院建筑／要素在演示中的排序，斜杠后面的排序表示书院建筑／要素在演示中出现的总次数。为避免不必要的重复，书中略去相同书院建筑的连续图谱，读者可依文中提示，结合表 2-3-1 查阅。

孙式
太极拳心解
——
三十年道功修习体悟

大意——混沌初成，杳杳冥冥，空空洞洞，有无纷呈。

无极之形：

小形——仅为两足分开成90°，两足跟尽量相挨；

中形——身体恭肃态；

大形——沙中立杆，整体端庄。

文化要旨：

静穆来袭禅定意，千山万水忆当初；

杳杳冥冥思来时，冰心一片在玉壶。

### 要素2 跃然于形（1/1）

接静穆来袭，如图3-1-2所示。从形而言，初为头正、腰塌、膝弯、脚平等；进一步为深藏恭肃、稍加跃然；最终的理想状态为怡然相望、环顾周乡、扬鞭指远、悠然畅往。太极式的心意方面，初为三害九要；渐至肃穆端庄、思虑周详、内外兼顾、意蕴悠长；最终为耀然马上、光亮堂堂、沉吟涵远、有朋八方。

行太极式时，宜身心自具格局。格局内外，身体诸部，附于其上，托于其内。

仿无极式，用三意三形解析太极式如下。

图3-1-2 跃然于形

太极之形：

小形——头正，腰塌，膝弯，脚平等；

中形——深藏恭肃，稍加跃然；

大形——怡然相望，环顾周乡，扬鞭指远，悠然畅往。

太极之意：

小意——可解为孙式太极拳道功的"避三害、守九要"、蒙古密法的

"附于其上、托于其内"等；

　　中意——肃穆端庄，思虑周详，内外兼顾，意蕴悠长；

　　大意——耀然马上，光亮堂堂，沉吟涵远，有朋八方。

文化要旨：

跃然于形万般备，心意此时称完美；

功成还当思旧事，不堪回首太极时。

### 要素3　摆荡周折（1/1）

　　接跃然于形，如图3-1-3～3-1-4所示。身体重心在两足之间移动，轨迹不拘，若干次。两眼视前。在此过程中，身体宜保持竖直。自始至终需保持太极冥想所要求的三意三形规则。要素4至要素12均须如此。

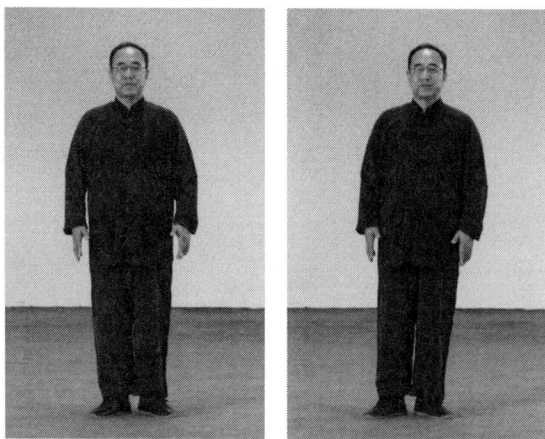

图3-1-3　摆荡周折（1）　图3-1-4　摆荡周折（2）

文化要旨：

摆荡周折寓终始，真形一露便绝迹；

节节贯穿身随影，一气伸缩影随身。

### 要素4　悄平寻奇（1/1）

　　接摆荡周折，如图3-1-5～3-1-7所示。身体重心先移至左足，身体整体左转，至右足与左足约成 45°；同时，两手成掌双掩于小腹前，似挨非挨。随即，身体重心调至两足间；同时，两手渐变竖掌，拇指领抬，两手臂似直非直，向前向上举，至两拇指高度略与肩平（稍停）；两眼视前。

运行过程中，强调意和形的协调，宜轻轻运行，默默停止。柔缓不突变，探赜索隐着。

图 3-1-5　过渡式 1　　　　图 3-1-6　过渡式 2　　　　图 3-1-7　悄平寻奇

## 要素 5　仍循旧迹（1/1）

接悄平寻奇，如图 3-1-8~3-1-9 所示。身体重心仍在两足之间；

图 3-1-8　过渡式 3　　　　图 3-1-9　仍循旧迹

两手臂形态大略不变，仍沿上一要素（悄平寻奇）中形成的轨迹（外弧线）回返至小腹前，似挨非挨；身体略下沉；两眼视前。

### 要素6　扣心自问（1/1）

接仍循旧迹，如图3-1-10所示。身体重心仍在两足之间；腰松塌着，两手张开，拇指向上领劲，抬至心口前。两眼视前偏下。

运行过程中，肩肘松沉，身体直立，两膝微屈。

### 要素7　千里之行（1/1）

接扣心自问，如图3-1-11所示。身体重心移至右足；左足前伸（以不牵动右足处身体重心为限），足跟着地，两肘微沉，身体其他部位保持姿势不变；两眼视前。

运行过程中，腰部宜松沉。

图3-1-10　扣心自问　　　图3-1-11　千里之行

### 要素8　躬身侍亲（1/1）

接千里之行，如图3-1-12所示。身体重心移至前后两足间适当位置，左腿前弓；两手张开，如捧一物，拇指领劲上抬至胸前颌下；两眼视前。

运行过程中，两肩松开，腰部松塌。

## 要素 9　转关出奇（1/1）

接躬身侍亲，如图 3-1-13 所示。身体重心先至左足，右足向前跟进至适当位置，然后，重心调整至两足间适当位置；两手如捧一物，沿上弧线前送至适当位置；两眼视前。

运行过程中，注意腰部塌、竖、松、活等变化。

图 3-1-12　躬身侍亲　　图 3-1-13　转关出奇

## 要素 10　回身思量（1/1）

接转关出奇，如图 3-1-14 所示。身体重心移至右足；两手回拉至胸前适当位置，同时向右翻转至右手心向上、左手心向下；两眼视前。

运行过程中，身体保持竖直状态。

## 要素 11　翻手为云（1/1）

接回身思量，如图 3-1-15 所示。身体重心仍在右足；左足跟抬起，以左足前足掌为轴外摆；同时，身体稍向右转，两手微微外推少许，停住；外推过程中，左手姿势基本维持不变，右手向左翻转，两手心向前偏下；两眼视前。

运行过程中，注意肩肘松沉。

图 3-1-14 回身思量　　　图 3-1-15 翻手为云

**要素 12 拨云观海（1/1）**

接翻手为云，如图 3-1-16~3-1-18 所示。身体右转，身体重心在两足间转换，最终移向左足；同时，两手原位张开，微微摇摆；两眼向两手中间望去。

运行过程中，宜身体端正，切忌摇摆不定。

图 3-1-16 过渡式 4　　　图 3-1-17 过渡式 5　　　图 3-1-18 拨云观海

# 耕读堂要素推演连续图谱

图 3-1-1　静穆来袭　　　图 3-1-2　跃然于形　　　图 3-1-3　摆荡周折（1）

图 3-1-4　摆荡周折（2）　　图 3-1-5　过渡式 1　　　图 3-1-6　过渡式 2

图 3-1-7　悄平寻奇　　　图 3-1-8　过渡式 3　　　图 3-1-9　仍循旧迹

图 3-1-10　扪心自问　　　图 3-1-11　千里之行　　　图 3-1-12　躬身侍亲

图 3-1-13　转关出奇　　　图 3-1-14　回身思量　　　图 3-1-15　翻手为云

图 3-1-16　过渡式 4　　　图 3-1-17　过渡式 5　　　图 3-1-18　拨云观海

# 第二节　临观阁（1/8）

### 要素 13　临海观潮（1/8）

接上节要素 12 拨云观海，如图 3-2-1~3-2-2 所示。重心渐移至左足，调整身形面向右方（要素 1 静穆来袭之右方）；右足前掌着地，足跟离地虚起收至左足内踝骨前少许，似挨非挨；两手塌腕收至右肩前，似挨非挨，右手心朝向左前方，左手心朝向右前方，左手食指与右手大鱼际约略齐平；两眼视前。

图 3-2-1　过渡式 6　　　图 3-2-2　临海观潮

### 要素 14　太公探海（1/8）

接临海观潮，如图 3-2-3~3-2-4 所示。两眼视前；重心仍在左足，身体略屈，两手略沉；右足朝前方（要素 1 静穆来袭之右方）迈去，距离远近以不牵动左足处身体重心为限。

图 3-2-3　过渡式 7　　　图 3-2-4　太公探海

## 要素 15　踽踽独行（1/8）

接太公探海，如图 3-2-5~3-2-7 所示。右足跟一旦落地，身体重心随即逐渐移至右足，左足随后跟至右足左后方适当距离处；同时，两手一同往前推去，两臂略屈，左手在右手左下后方二三寸以外处。两眼朝右手方向看去。

从第 3 式懒扎衣式开始，直至第 87 式无极还原式结束。在"意气君来骨肉臣"这一行拳基本原则统领下，意形并驾齐驱，三意三形皆备。

图 3-2-5　过渡式 8　　　图 3-2-6　过渡式 9　　　图 3-2-7　踽踽独行

## 临观阁要素推演连续图谱

图 3-2-1　过渡式 6

图 3-2-2　临海观潮

图 3-2-3　过渡式 7

图 3-2-4　太公探海

图 3-2-5　过渡式 8

图 3-2-6　过渡式 9

图 3-2-7　蹰蹰独行

# 第三节　开合殿（左式）（1左/13）

### 要素 16　谛听良久（左式）（1左/10）

接上节要素 15 踽踽独行，如图 3-3-1~3-3-3 所示。重心移至左足，同时，右足尖微起，以足后跟为轴，向左转至足正直；身子要随着右足一同转；两手沿抛物线回拉至胸腹前，右手立掌于胸前颌下，掌指朝上偏前，左手斜立掌于心口窝下小腹前，掌指朝向前上方；两眼视前偏下。

图 3-3-1　过渡式 10　　　图 3-3-2　过渡式 11　　　图 3-3-3　谛听良久
　　　　　　　　　　　　　　　　　　　　　　　　　　　　　　（左式）

### 要素 17　西伯思贤（左式）（1左/10）

接谛听良久（左式），如图 3-3-4~3-3-5 所示。重心再适时移至右足，将左足扭至正直，重心最终在两足之间；同时，右手向下，左手向上，两手相齐，立掌会于胸前，两手拇指在胸前一二寸处，两掌距离约等同于脸宽，掌指朝上偏前；两眼视前偏下。

图 3-3-4　过渡式 12　　　图 3-3-5　西伯思贤（左式）

## 要素 18　开门观远（1/13）

接西伯思贤（左式），如图 3-3-6 所示。重心仍在两足之间；两手如同抱着内中气体正处膨胀状态的气球，平着往左右分开，开至两手虎口与两肩尖相齐，两手五指呈张开状态；两眼视前方偏下，关注周身。

图 3-3-6　开门观远

## 要素 19　掩门待贤（1/13）

接开门观远，如图 3-3-7 所示。重心仍在两足中间；同时两手如同抱着往回缩小的气球，往一处合，合至两手相距约与脸同宽；两眼视前偏下。

运行过程中，身体动作宜轻灵，用劲要平和，手足转动开合要自然。切忌忽起忽落、努气拙力的状态。周身不可有丝毫勉强用拙力之处。

图 3-3-7　掩门待贤

## 开合殿（左式）要素推演连续图谱

图 3-3-1　过渡式 10　　　图 3-3-2　过渡式 11　　　图 3-3-3　谛听良久（左式）

图 3-3-4　过渡式 12　　　图 3-3-5　西伯思贤（左式）

图 3-3-6　开门观远　　　图 3-3-7　掩门待贤

太极拳心解
三十年道功修习体悟

# 第四节　演武厅（1/8）

### 要素 20　携鞭初探（1/8）

接上节要素 19 掩门待贤，如图 3-4-1 所示。重心逐渐移至右足；先将两手腕往外转，左足在两手分开之时，同时往左（要素 1 静穆来袭之左方）迈去，斜横着落地，距离远近以不牵动右足处身体重心为限；两眼视左前下方。

### 要素 21　定形开鞭（1/8）

接携鞭初探，如图 3-4-2~3-4-3 所示。重心左移，直至左膝与左足跟几乎成一上下垂线；同时，两手在心口前上方横平着，如挈长竿，往左右徐徐分开到极处，两手心大略朝前朝外，两手掌直立，两手指与口鼻大致相平；两眼朝右手食指方向看去。

## 演武厅要素推演连续图谱

图 3-4-1　携鞭初探　　　图 3-4-2　过渡式 13　　　图 3-4-3　定形开鞭

# 第五节　望远楼（1/1）

### 要素22　思之再三（1/1）

接上节要素21定形开鞭，如图3-5-1所示。身体重心保持不变。意念从右手沿肩肘到左手，随即两眼向左手方向看去，同时关注上下。

运行过程中，身体端正，意在八方。

### 要素23　凉棚观远（1/1）

接思之再三，如图3-5-2~3-5-3所示。身体重心移至左足，腰要塌住劲；同时，左手手心朝外，沿上弧线，移至手背靠着头部天庭穴处，右手沿下弧线移至拇指根靠着丹田气海处（即小腹）；右足同时往左足处合并，两腿似挨未挨，足尖落地，在左足右前方适当位置；两眼视前。

定式时，两腿弯曲似半月形，身体尽量保持竖直稳定。运行过程中，身形虽停，但内中神意不停。肩胯松开，腹部空静虚灵，不用压力往下沉气，而是用神贯注。

## 望远楼要素推演连续图谱

图3-5-1　思之再三　　　图3-5-2　过渡式14　　　图3-5-3　凉棚观远

太极拳心解
三十年道功修习体悟

# 第六节　贞德馆（1/3）

### 要素 24　顾之在后（1/3）

接上节要素 23 凉棚观远，如图 3-6-1 所示。身体重心仍在左足；左手沉肘塌腕下落至小腹前，与右手手心相对，两手腕用意塌住劲；两眼视前下。

运行过程中，身体保持竖直，腰要塌住劲。

### 要素 25　瞻之在前（1/3）

接顾之在后，如图 3-6-2 所示。身体各部相对位置基本保持不变。在松沉状态下，身体重心移至右足，左足跟微微抬起；两眼仍视前下。定式时，身体竖直。

图 3-6-1　顾之在后　　　图 3-6-2　瞻之在前

## 要素 26　一苇渡江（1/3）

接瞻之在前，如图 3-6-3～3-6-4 所示。身体重心移至左足；同时，右足以不牵动左足处身体重心为限，向前迈出，右足跟着地；左手仍在原处，右手与右足同时向前伸出，掌心向前下；两眼视前下。

运行过程中，右肩、右肘均宜松沉。

图 3-6-3　过渡式 15　　　图 3-6-4　一苇渡江

## 要素 27　逡巡及岸（1/3）

接一苇渡江，如图 3-6-5～3-6-6 所示。身体重心移至右足，随即，左足跟至右足旁，左足前掌着地，左足跟微抬；左手同时移至右手旁，略高于右手，身体有微微斜意（宜斜中寓正）；两眼视前下。

运行过程中，右手呈微微前下按态。

## 要素 28　观镜正衣（1/3）

接逡巡及岸，如图 3-6-7 所示。身体重心调整至两足间，两足平踏地，身体竖直；两手塌腕收至心口前；两眼视前。

运行过程中，宜塌腰沉肩，含胸松腹。

**要素29　僧敲月下（1/3）**

接观镜正衣，如图 3-6-8 所示。身体重心保持不变；塌住腰，两手向前平推出，小臂接近水平状态，手心向前下；两眼视前偏下。

运行过程中，肩肘宜松沉。

图 3-6-5　过渡式 16

图 3-6-6　逡巡及岸

图 3-6-7　观镜正衣

图 3-6-8　僧敲月下

## 贞德馆要素推演连续图谱

图 3-6-1 顾之在后

图 3-6-2 瞻之在前

图 3-6-3 过渡式 15

图 3-6-4 一苇渡江

图 3-6-5 过渡式 16

图 3-6-6 逡巡及岸

图 3-6-7 观镜正衣

图 3-6-8 僧敲月下

# 第七节　开合殿（正面）（2 正 /13）

**要素 30　开门观远（2/13）**

接上节要素 29 僧敲月下，如图 3-7-1~3-7-2 所示。两手手心逐渐相对着向胸前回抽，渐至开与两肩等宽，参考要素 18。

图 3-7-1　过渡式 17　　　图 3-7-2　开门观远

**要素 31　掩门待贤（2/13）**

同要素 19。

图 3-7-1　过渡式 17　　　图 3-7-2　开门观远　　　图 3-7-3　掩门待贤

# 第八节　诸葛庐（左式）（1 左 /5）

### 要素 32　踌躇思绪（左式）（1 左 /5）

接上节要素 31 掩门待贤，如图 3-8-1 所示。重心移至右足，身体微微左转；同时，左足前掌着地，足跟微抬离地并扭转少许（约30°）；两手上竖着，上下错开少许，左手向上微抬，右手向下微沉，两手腕始终塌着；两眼随身体左转，视前下方。

运行过程中，身体竖直，腰宜松塌。

图 3-8-1　踌躇思绪
（左式）

## 要素33　七上八下（左式）（1左/8）

接蹒蹰思绪（左式），如图3-8-2所示。重心移至左足；同时，两手上下分开，手心相对，左手背近贴颌下，右手落至小腹前；右足跟微离地；两眼视前。

运行过程中，身体竖直端庄。

## 要素34　持平在心（左式）（1左/8）

接七上八下（左式），如图3-8-3所示。重心移至两足间偏右足；同时，两手在心口前相遇，手心相对，掌指前方；两眼视前。

运行过程中，身体竖直，下颌里收。

图3-8-2　七上八下　　　图3-8-3　持平在心
　　（左式）　　　　　　　（左式）

## 要素35　拨草寻蛇（左式）（1左/17）

接持平在心（左式），如图3-8-4~3-8-5所示。重心移至右足；左手往下斜搂至左胯前，拇指和食指撑开如半月形，左足在左手斜搂的同时往左边斜着迈去，足后跟着地，右手同时往右边抬起至拇指与右肩约略相平，手心朝向左前下方；两眼视前。

图 3-8-4　过渡式 18　　　图 3-8-5　拨草寻蛇
　　　　　　　　　　　　　　　　　　（左式）

## 要素 36　清风过耳（左式）（1 左 /17）

接拨草寻蛇（左式），如图 3-8-6 所示。
重心移至两足间偏左足；同时，右手食指收至
右口角外寸许处，左手同时由胯前沿平外弧线
搂至胯旁，手心向下；两眼仍视前。

## 要素 37　特立独行（左式）（1 左 /17）

接清风过耳（左式），如图 3-8-7~3-8-9
所示。重心移至左足。同时，右手往左边（要
素 1 静穆来袭之左方）推去，推至胳膊似直非
直、似曲非曲，食指与口鼻相平；左手同时再

图 3-8-6　清风过耳
　　　　　（左式）

变至拇指离胯寸许，直指胯尖。右足同时跟至左足右后方适当距离处落
下，足尖着地。两眼视前。

图 3-8-7　过渡式 19　　　图 3-8-8　过渡式 20　　　图 3-8-9　特立独行
（左式）

## 要素 38　瞻前顾后（左式）（1 左 /7）

接特立独行（左式），如图 3-8-10~3-8-11 所示。重心在左足不变，左腿微屈，随即将两手五指俱伸直，左手内旋上抬至心口左侧，掌心向右，掌指前方；右手内旋下落至心口前，掌心向左，掌指前方，右

图 3-8-10　过渡式 21　　　图 3-8-11　瞻前顾后
（左式）

胳膊似直非直、似曲非曲；两手一后一前，左手心与右肘正相对；同时，右足往后撤步，足尖着地，撤步远近以不牵动左足处身体重心为限；两眼视前方。

### 要素39 繁华落幕（左式）（1左/8）

接瞻前顾后（左式），如图 3-8-12~3-8-13 所示。右手回拉至心口前停住，同时，左手往前伸至极处；右足逐渐全部落实着地，重心移至右足；左足也同时往回撤至右足前边，左足后跟与右足相离寸许，足尖着地；两眼视前方。

运行过程中，身子往回撤时，内外要整体回撤，不可散乱。要神气稳住，不偏不倚，腹内松静，周身轻灵，如同悬在空中一般。

图 3-8-12　过渡式 22 　　　图 3-8-13　繁华落幕
（左式）

# 诸葛庐（左式）要素推演连续图谱

图 3-8-1　踌躇思绪（左式）　图 3-8-2　七上八下（左式）　图 3-8-3　持平在心（左式）

图 3-8-4　过渡式 18　图 3-8-5　拔草寻蛇（左式）　图 3-8-6　清风过耳（左式）

图 3-8-7　过渡式 19　图 3-8-8　过渡式 20　图 3-8-9　特立独行（左式）

图 3-8-10　过渡式 21　　图 3-8-11　瞻前顾后
　　　　　　　　　　　　　　　（左式）

图 3-8-12　过渡式 22　　图 3-8-13　繁华落幕
　　　　　　　　　　　　　　　（左式）

# 第九节　将军署（1/1）

**要素40　重整河山（1/1）**

接上节要素39繁华落幕（左式），如图3-9-1所示。左足前迈，以不牵动右足处身体重心为限，落地时稍外摆，斜着着地；双手稍回拉，右肘与右胁似挨非挨；两眼视前方。

**要素41　逡巡而进（1/1）**

接重整河山，如图3-9-2~3-9-5所示。重心移至左足，右足略抬离地，经左足朝前迈去，右足跟斜着着地，以不牵动左足处身体重心为限；同时，左手拉回至心口前，左肘与左胁似挨非挨；右手向前方略向上伸至极处；左手外旋至心口略下，掌心向上；右手前伸内旋至掌心向下；两眼视前。

重心移至右足，左足略抬离地，经右足朝前迈去，左足跟着地，以不牵动右足处身体重心为限；同时，右手拉回至心口前，右肘与右胁似挨非挨；左手向前方略向上伸至极处；右手外旋至心口略下，掌心向上；左手前伸内旋至掌心向下；两眼视前。

## 将军署要素推演连续图谱

图3-9-1　重整河山　　　图3-9-2　过渡式23　　　图3-9-3　逡巡而进（1）

图 3-9-4　过渡式 24　　图 3-9-5　逡巡而进（2）

# 第十节　独危阁（1/2）

### 要素 42　一枝独秀（1/2）

接上节要素 41 逡巡而进，如图 3-10-1~3-10-3 所示。重心移至左足，右足跟至左足后一二寸处，左足后跟正对右足内踝骨；同时，左手

图 3-10-1　过渡式 25　　图 3-10-2　过渡式 26　　图 3-10-3　一枝独秀

原地成拳，拳心向下，右手原地外旋成拳，拳眼向上，从右胁往左手腕上方直着打出，拳与心口平；两眼看向右手食指中节。

右拳朝前打出时，两肩不可往下硬垂。两肩、两胯根节处和腹部仍呈松开状态。运行过程中，要精神贯注，身式中正，意气和平，不可努气、用拙力。

### 要素43　亢龙有悔（1/2）

接一枝独秀，如图3-10-4所示。两手臂微沉，身体重心略下沉；右足伸向后方，前足掌着地停住，两足距离以不牵动左足处身体重心为限；两眼视前。

图3-10-4　亢龙有悔

### 要素44　退避三舍（1/2）

接亢龙有悔，如图3-10-5所示。重心移向右足；同时，两手变掌；先将右手往回抽；左手在右臂下方挨着，同时往前伸去；两手一抽一伸至相齐为止；两手均由下向外扭劲；两眼视前。

### 要素45　虑定思沉（1/2）

接退避三舍，如图3-10-6～3-10-7所示。重心移至右足；左足后撤，足尖着地；两手在左足后撤的同时往前下按。两眼视前。

图3-10-5　退避三舍

图 3-10-6　过渡式 27　　　图 3-10-7　虑定思沉

运行过程中，高矮要一致，切忌忽起忽落。两腿要里屈圆满，似半月形。身体要整体回撤才能平稳。

### 要素46　蓄势待机（1/2）

接虑定思沉，如图 3-10-8 所示。重心仍在右足；左足继续回撤，尽量与右足内踝骨相接；同时，两手往回抽，两拇指相离寸许，抽至心口下方，轻轻靠住；两眼视前。

### 要素47　临渊履冰（1/2）

接蓄势待机，如图 3-10-9~3-10-10 所示。重心在右足；两手在原位不动；左足极力向前迈步，着地距离以不牵动右足处身体重心为限；两眼视前。

图 3-10-8　蓄势待机

### 要素48　势定乾坤（1/2）

接临渊履冰，如图 3-10-11~3-10-12 所示。左足一落地，重心即速前移至左足；右足随后跟步，离左足后跟一二寸；同时，两手心朝外一齐往前推去，至与心口平齐。两手臂呈似曲非曲、似直非直状态；两眼朝两手当中看去。

运行过程中，身子高矮要一致，不要散乱，腰要塌住劲，又要松开劲；周身内外的气和劲，仍宜松沉。外形虽然微停，但内中之意不停。

图 3-10-9　过渡式 28　　　图 3-10-10　临渊履冰

图 3-10-11　过渡式 29　　　图 3-10-12　势定乾坤

## 独危阁要素推演连续图谱

图 3-10-1　过渡式 25　　　图 3-10-2　过渡式 26　　　图 3-10-3　一枝独秀

图 3-10-4　亢龙有悔　　　图 3-10-5　退避三舍　　　图 3-10-6　过渡式 27

图 3-10-7　虑定思沉　　　图 3-10-8　蓄势待机　　　图 3-10-9　过渡式 28

吴式
太极拳心解
三十年道功修习体悟

图 3-10-10　临渊履冰　　图 3-10-11　过渡式 29　　图 3-10-12　势定乾坤

# 第十一节　开合殿（右式）（3 右 /13）

### 要素 49　谛听良久（右式）（2 右 /10）

接上节要素 48 势定乾坤，如图 3-11-1~3-11-2 所示。重心移至右足；同时，左足尖微起，以足后跟为轴，向右边转至足正直，身子要随

图 3-11-1　过渡式 30　　图 3-11-2　谛听良久（右式）

着左足一同转；两手回拉至胸腹前，左手立掌于胸前颌下，掌指朝上偏前；右手斜立掌于心口窝下小腹前，掌指朝向前上方；两眼视前偏下。

### 要素50　西伯思贤（右式）（2右/10）

接谛听良久（右式），如图 3-11-3 所示。重心再适时移至左足，将右足扭至正直，重心最终在两足之间；同时，左手向下，右手向上，两手相齐，立掌会于胸前，两手拇指在胸前一二寸处，两掌距离约略等同脸宽，掌指朝上偏前；两眼视前偏下。

图 3-11-3　西伯思贤
（右式）

### 要素51　开门观远（3/13）

同要素 18。

### 要素52　掩门待贤（3/13）

同要素 19。

### 开合殿（右式）要素推演连续图谱

图 3-11-1　过渡式 30

图 3-11-2　谛听良久
（右式）

图 3-11-3　西伯思贤
（右式）

图 3-11-4　开门观远　　　图 3-11-5　掩门待贤

# 第十二节　诸葛庐（右式）（2 右 /5）

### 要素 53　踌躇思绪（右式）（2 右 /5）

接上节要素 52 掩门待贤，如图 3-12-1 所示。重心移至左足；身体微微右转，同时，右足前掌着地，足跟微抬离地，里扭少许（约 30°）；两手上竖着，上下错开少许，右手向上微抬，左手向下微沉，两手腕始终塌着；两眼随身体右转，视前下方。

运行过程中，身体竖直，腰宜松塌。

图 3-12-1　踌躇思绪
（右式）

### 要素 54　七上八下（右式）（2 右 /8）

接踌躇思绪（右式），如图 3-12-2 所示。重心移至右足；同时，两手上下分开，手心相对，右手背近贴颔下，左手落至小腹前；左足跟微离地；两眼视前。

运行过程中，身体竖直。

**要素55　持平在心（右式）（2右/8）**

接七上八下（右式），如图 3-12-3 所示。重心移至两足间偏左足；同时，两手在心口前相遇，手心水平相对，掌指前方；两眼视前。

运行过程中，身体竖直，下颌里收。

图 3-12-2　七上八下　　图 3-12-3　持平在心
（右式）　　　　　　　（右式）

**要素56　拨草寻蛇（右式）（2右/17）**

接持平在心（右式），如图 3-12-4～3-12-5 所示。重心移至左足；右手往下斜搂至右胯前，拇指和二指撑开如半月形；右足在右手斜搂时往右边斜着迈去，足后跟着地；左手同时往左边抬起至拇指与左肩约略相平，手心朝右前下方；两眼视前。

**要素57　清风过耳（右式）（2右/17）**

接拨草寻蛇（右式），如图 3-12-6 所示。重心移至两足间偏右足；同时，左手食指收至左口角外寸许处，右手同时由胯前沿平外弧线搂至胯旁，手心向下；两眼仍视前。

图 3-12-4　过渡式 31　　　图 3-12-5　拨草寻蛇　　　图 3-12-6　清风过耳
　　　　　　　　　　　　　　　　　（右式）　　　　　　　　　（右式）

## 要素 58　特立独行（右式）（2 右 /17）

接清风过耳（右式），如图 3-12-7~3-12-8 所示。重心移至右足；同时，左手往右边（要素 1 静穆来袭之右方）推去，推至手臂似直非直、似曲非曲，食指与口鼻相平；右手同时变至拇指离胯寸许，直指胯尖；左足跟至右足左后方适当距离处落下，足尖着地；两眼视前。

图 3-12-7　过渡式 32　　　　图 3-12-8　特立独行
　　　　　　　　　　　　　　　　　　　（右式）

## 要素59　瞻前顾后（右式）（2右/7）

接特立独行（右式），如图3-12-9~3-12-10所示。重心在右足不变，右腿微屈；随即将两手五指俱伸直，右手内旋上抬至心口右侧，掌心向左，掌指前方；左手内旋下落至心口前，掌心向右，掌指前方；左臂似直非直、似曲非曲；两手一后一前，右手心与左肘正相对；同时，左足往后撤步，足尖着地，撤步远近以不牵动右足处身体重心为限。两眼视前。

图3-12-9　过渡式33　　图3-12-10　瞻前顾后
（右式）

## 要素60　繁华落幕（右式）（2右/8）

接瞻前顾后（右式），如图3-12-11~3-12-12所示。左手往回拉至心口前停住，右手同时往前伸至极处；左足逐渐全部落实着地，重心移至左足；右足也同时往回撤至左足前，右足跟与左足相离寸许，足尖着地；两眼视前。

图 3-12-11　过渡式 34　　图 3-12-12　繁华落幕
（右式）

## 诸葛庐（右式）要素推演连续图谱

图 3-12-1　踌躇思绪　　图 3-12-2　七上八下　　图 3-12-3　持平在心
（右式）　　　　　（右式）　　　　　（右式）

图 3-12-4　过渡式 31　　图 3-12-5　拔草寻蛇（右式）　　图 3-12-6　清风过耳（右式）

图 3-12-7　过渡式 32　　图 3-12-8　特立独行（右式）　　图 3-12-9　过渡式 33

图 3-12-10　瞻前顾后（右式）　　图 3-12-11　过渡式 34　　图 3-12-12　繁华落幕（右式）

# 第十三节　临观阁（2/8）

### 要素61　临海观潮（2/8）

接上节要素60繁华落幕（右式），如图3-13-1~3-13-2所示。重心仍在左足，调整身形面向右方（要素1静穆来袭之右方）；右足前掌着地，足跟离地虚起收至左足内踝骨前少许，似挨非挨；两手塌腕收至右肩前，似挨非挨，右手心朝向左前方，左手心朝向右前方，左手食指与右手大鱼际约略相齐；两眼视前。

图 3-13-1　过渡式35　　　图 3-13-2　临海观潮

### 要素62　太公探海（2/8）

同要素14。

### 要素63　踽踽独行（2/8）

同要素15。

# 第十四节　开合殿（左式）（4左/13）

同第三章第三节。（左式开合殿第一次重复）

### 要素64　谛听良久（左式）（3左/10）

同要素16。

### 要素65　西伯思贤（左式）（3左/10）

同要素17。

### 要素66　开门观远（4/13）

同要素18。

### 要素67　掩门待贤（4/13）

同要素19。

# 第十五节　演武厅（2/8）

### 要素68　携鞭初探（2/8）

同要素20。

### 要素69　定形开鞭（2/8）

同要素21。

# 第十六节　自在楼（1/1）

### 要素70　长缨在手（1/1）

接上节要素69定形开鞭，如图3-16-1～3-16-3所示。重心基本不变；左手竖掌原位抻住，右手掌内旋（小指领劲）、再外旋（拇指领劲）变平掌、再变五指屈握成拳；右手掌外旋时，右足跟同时以前足掌为轴尽量外撇。

腹内用神气贯注，身躯不可有一丝俯仰之形，身体略左扭，两眼回看右拳。运行过程中，注意手形变化次第。

图3-16-1　过渡式36　　　　图3-16-2　过渡式37　　　　图3-16-3　长缨在手

### 要素71　蓄势弯弓（1/1）

接长缨在手，如图3-16-4～3-16-5所示。重心移向右足；两手形不变，两肘悬垂，两臂若一张弓，呈绷紧状态；两眼视左前。

图 3-16-4　过渡式 38　　　图 3-16-5　蓄势弯弓

## 要素72　渭水钓叟（1/1）

接蓄势弯弓，如图 3-16-6~3-16-9 所示。重心移至右足的瞬间，全身在两臂绷紧的满弓张力下呈现跃起状态，两足微微离地，随即放松落地，左足足尖微微点地；两手保持原形不变；两眼视左前。

图 3-16-6　过渡式 39　　　图 3-16-7　过渡式 40

图 3-16-8　过渡式 41　　　图 3-16-9　渭水钓叟

## 要素73　挑灯看剑（1/1）

接渭水钓叟，如图 3-16-10~3-16-11 所示。重心仍在右足；右拳往回、往下拉至右胯旁上方二三寸开外处，身躯左转至面向要素 1 静穆来袭之左方，左手向前方伸出，左手掌心向右；左足调整至足跟着地；两眼视左手食指方向。

图 3-16-10　过渡式 42　　　图 3-16-11　挑灯看剑

## 要素 74  临渊羡鱼（1/1）

接挑灯看剑，如图 3-16-12~3-16-13 所示。左足渐至全足着实落地，重心移至左足；右臂屈回靠胁，拳从脐处往左肘伸去；右足在右手前伸时，同时往前跟步至左足右后二三寸以外落下，足尖落地；两手同时往前伸住；两肩与两胯根节用意往回缩住，伸缩总要一致；两眼视前。

图 3-16-12  过渡式 43　　图 3-16-13  临渊羡鱼

## 要素 75  退而结网（1/1）

接临渊羡鱼，如图 3-16-14~3-16-15 所示。前一动作似停未停之时，即将右足往回撤，回撤距离以不牵动左足处身体重心为限；两手形

图 3-16-14  过渡式 44　　图 3-16-15  退而结网

不变；两眼视前。

### 要素76 花港观鱼（1/1）

接退而结网，如图3-16-16~3-16-17所示。右足尖着地渐至全足落实，重心移至右足，左足随即往回撤至右足前落下；两手仍伸住，位向关系不变。两足往后撤时，身形、各处劲性、虚灵情形、两足间距均与要素104繁华落幕相同。

图 3-16-16　过渡式 45　　　图 3-16-17　花港观鱼

### 要素77 斜阳草树（1/1）

接花港观鱼，如图3-16-18所示。重心仍在右足；左足进一步回撤至右足内踝骨附近，左足跟里扭少许；两手一上一下拉回至身前，左手靠胸，右手贴腹；身体略呈向左斜扭状态；两眼视前下。

运行过程中，身体应斜中寓正。

图 3-16-18　斜阳草树

## 要素78 七上八下（左式）（3左/8）

接斜阳草树，如图3-16-19~3-16-20所示。重心移至左足；同时，右手变掌，两手上下分开，手心相对，左手背近贴颌下，右手落至小腹前；右足跟微离地；两眼视前。参考要素33。

图3-16-19 过渡式46　图3-16-20 七上八下
（左式）

## 要素79 持平在心（左式）（3左/8）

接七上八下（左式），如图3-16-21所示。参考要素34，惟方位不同。

## 要素80 拨草寻蛇（左式）（3左/17）

接持平在心（左式），如图3-16-22~3-16-23所示。参考要素35，惟方位不同。

图3-16-21 持平在心
（左式）

## 要素81 清风过耳（左式）（3左/17）

接拨草寻蛇（左式），如图3-16-24所示。参考要素36，惟方位不同。

图 3-16-22　过渡式 47　　图 3-16-23　拨草寻蛇
（左式）

## 要素 82　特立独行（左式）（3 左 /17）

接清风过耳（左式），如图 3-16-25~3-16-26 所示。参考要素 37，惟方位不同。

图 3-16-24　清风过耳　　图 3-16-25　过渡式 48　　图 3-16-26　特立独行
（左式）　　　　　　　　　　　　　　　　　　　　　　（左式）

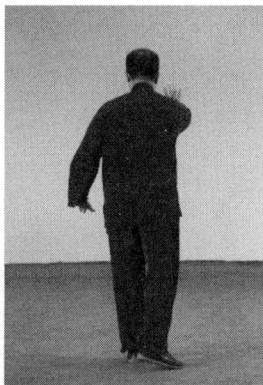

## 要素 83　本相庄严（右式）（1 右 /11）

接特立独行（左式），如图 3-16-27~3-16-28 所示。重心移至右足；身体向右转，左足以足后跟为轴内旋，两足呈倒八字步形，此时，重心移至两足中间，两手掌心向里偏上，如同捧抱一大球，均调至小腹前下方适当距离处；身体转向正前方（要素1静穆来袭之左方）；两眼视前偏下。

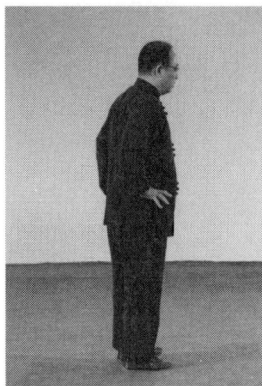

图 3-16-27　过渡式 49　　　图 3-16-28　本相庄严
　　　　　　　　　　　　　　　　　　（右式）

## 要素84　拨草寻蛇（右式）（4右/17）

接本相庄严（右式），如图 3-16-29~3-16-30 所示。重心移至左足；右手往下斜搂至右胯前，拇指和食指撑开如半月形；右足在右手斜搂时往右边斜着迈去，足后跟着地；左手同时往左边抬起至拇指与左肩约略相平，手心朝向右前下方；两眼视前。

图 3-16-29　过渡式 50　　　图 3-16-30　拨草寻蛇
　　　　　　　　　　　　　　　　　　（右式）

### 要素85 清风过耳（右式）（4右/17）

接拨草寻蛇（右式），如图3-16-31所示。同要素57。

### 要素86 特立独行（右式）（4右/17）

接清风过耳（右式），如图3-16-32~3-16-33所示。同要素58。

图3-16-31 清风过耳 　图3-16-32 过渡式51 　图3-16-33 特立独行
（右式）　　　　　　　　　　　　　　　　　　　（右式）

### 要素87 本相庄严（左式）（2左/11）

接特立独行（右式），如图3-16-34~3-16-35所示。重心移至左足；身体向左转，右足以足后跟为轴内旋，两足呈倒八字步形，此时，重心移至两足中间。两手掌心向里偏上，如同捧抱一大球，均调至小腹前下方适当距离处；身体转向正前方（要素1静穆来袭之左方）；两眼视前偏下。

### 要素88 拨草寻蛇（左式）（5左/17）

接本相庄严（左式），如图3-16-36~3-16-37所示。重心移至右足；左手往下斜搂至左胯前，拇指和食指撑开如半月形；左足在左手斜

图 3-16-34　过渡式 52　　图 3-16-35　本相庄严
（左式）

图 3-16-36　过渡式 53　　图 3-16-37　拨草寻蛇
（左式）

搂时往左边斜着迈去，足后跟着地；右手同时往右边抬起至拇指与右肩约略相平，手心朝向左前下方；两眼视前。

### 要素 89　清风过耳（左式）（5 左 /17）

同要素 81。如图 3-16-38 所示。

### 要素 90　特立独行（左式）（5 左 /17）

同要素 82。如图 3-16-39 所示。

## 要素91　本相庄严（右式）（3右/11）

同要素83。如图3-16-40所示。

## 要素92　拨草寻蛇（右式）（6右/17）

同要素84。如图3-16-41所示。

## 要素93　清风过耳（右式）（6右/17）

同要素85。如图3-16-42所示。

## 要素94　特立独行（右式）（6右/17）

同要素86。如图3-16-43所示。

## 要素95　本相庄严（左式）（4左/11）

同要素87。如图3-16-44所示。

## 要素96　拨草寻蛇（左式）（7左/17）

同要素88。如图3-16-45所示。

## 要素97　清风过耳（左式）（7左/17）

同要素81。如图3-16-46所示。

## 要素98　特立独行（左式）（7左/17）

同要素82。如图3-16-47所示。

## 要素99　本相庄严（右式）（5右/11）

同要素83。如图3-16-48所示。

### 要素 100　拨草寻蛇（右式）（8右/17）

同要素84。如图3-16-49所示。

### 要素 101　清风过耳（右式）（8右/17）

同要素85。如图3-16-50所示。

### 要素 102　特立独行（右式）（8右/17）

同要素86。如图3-16-51所示。

### 要素 103　瞻前顾后（右式）（3右/7）

接特立独行，如图3-16-52~3-16-53所示。重心在右足不变，右腿微屈；随即两手五指俱伸直，右手内旋上抬至心口右侧，掌心向左，掌指前方；左手内旋下落至心口前，掌心向右，掌指前方；左臂似直非直、似曲非曲；两手一后一前，右手心与左肘隐隐相对；同时，左足往后撤步，足尖着地，撤步远近以不牵动右足处身体重心为限；两眼视前。

图3-16-52　过渡式54　　　图3-16-53　瞻前顾后
（右式）

太极拳心解
三十年道功修习体悟

## 要素104　繁华落幕（右式）（3右/8）

接瞻前顾后（右式），如图3-16-54～3-16-55所示。左手回拉至心口前停住；右手在左手往回拉的同时往前伸至极处；左足逐渐全部落实着地，重心移至左足；右足也同时往回撤，撤至左足前边，右足后跟与左足相离寸许，足尖着地；两眼视前。

图3-16-54　过渡式55　　图3-16-55　繁华落幕
　　　　　　　　　　　　　　　　　　（右式）

### 自在楼要素推演连续图谱

图3-16-1　过渡式36　　　图3-16-2　过渡式37　　　图3-16-3　长缨在手

图 3-16-4　过渡式 38　　　　图 3-16-5　蓄势弯弓　　　　图 3-16-6　过渡式 39

图 3-16-7　过渡式 40　　　　图 3-16-8　过渡式 41　　　　图 3-16-9　渭水钓叟

图 3-16-10　过渡式 42　　　图 3-16-11　挑灯看剑　　　图 3-16-12　过渡式 43

太极拳心解

三十年道功修习体悟

图 3-16-13　临渊美鱼　　图 3-16-14　过渡式 44　　图 3-16-15　退而结网

图 3-16-16　过渡式 45　　图 3-16-17　花港观鱼　　图 3-16-18　斜阳草树

图 3-16-19　过渡式 46　　图 3-16-20　七上八下（左式）　图 3-16-21　持平在心（左式）

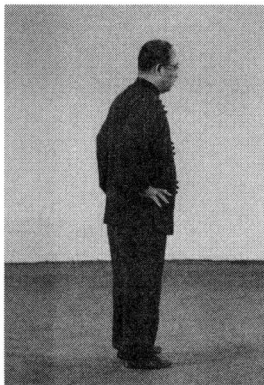

图 3-16-22　过渡式 47　　图 3-16-23　拨草寻蛇（左式）　图 3-16-24　清风过耳（左式）

图 3-16-25　过渡式 48　　图 3-16-26　特立独行（左式）　图 3-16-27　过渡式 49

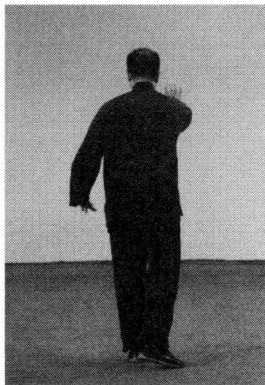

图 3-16-28　本相庄严（右式）　图 3-16-29　过渡式 50　　图 3-16-30　拨草寻蛇（右式）

图 3-16-31　清风过耳（右式）　图 3-16-32　过渡式 51　图 3-16-33　特立独行（右式）

图 3-16-34　过渡式 52　图 3-16-35　本相庄严（左式）　图 3-16-36　过渡式 53

图 3-16-37　拨草寻蛇（左式）　图 3-16-38　清风过耳（左式）　图 3-16-39　特立独行（左式）

图 3-16-40　本相庄严（右式）　　图 3-16-41　拨草寻蛇（右式）　　图 3-16-42　清风过耳（右式）

图 3-16-43　特立独行（右式）　　图 3-16-44　本相庄严（左式）　　图 3-16-45　拨草寻蛇（左式）

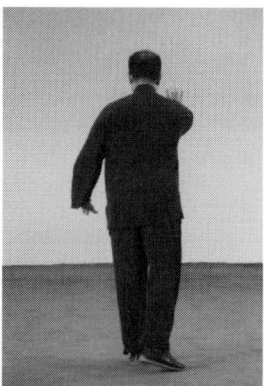

图 3-16-46　清风过耳（左式）　　图 3-16-47　特立独行（左式）　　图 3-16-48　本相庄严（右式）

3-16-49　拔草寻蛇（右式）　图 3-16-50　清风过耳（右式）　图 3-16-51　特立独行（右式）　图 3-16-52　过渡式 54

图 3-16-53　瞻前顾后（右式）　图 3-16-54　过渡式 55　图 3-16-55　繁华落幕（右式）

# 第十七节　贞德馆（2/3）

### 要素 105　顾之在后（2/3）

接上节要素 104 繁华落幕（右式），如图 3-17-1～3-17-2 所示。身体重心仍在左足；左手沉肘塌腕下落至小腹前，与右手手心相对；两手腕用意塌住劲；两眼视前下。

运行过程中，身体保持竖直，腰要塌住劲。

图 3-17-1　过渡式 56　　图 3-17-2　顾之在后

### 要素 106　瞻之在前（2/3）

同要素 25。

### 要素 107　一苇渡江（2/3）

同要素 26。

### 要素 108　逡巡及岸（2/3）

同要素 27。

### 要素 109　观镜正衣（2/3）

同要素 28。

### 要素 110　僧敲月下（2/3）

同要素 29。

# 第十八节　开合殿（正面）（5 正 /13）

**要素 111　开门观远（5/13）**

同要素 30。

**要素 112　掩门待贤（5/13）**

同要素 31。

# 第十九节　诸葛庐（左式）（3 左 /5）

**要素 113　踌躇思绪（左式）（3 左 /5）**

同要素 32。

**要素 114　七上八下（左式）（4 左 /8）**

同要素 33。

**要素 115　持平在心（左式）（4 左 /8）**

同要素 34。

**要素 116　拨草寻蛇（左式）（9 左 /17）**

同要素 35。

**要素 117　清风过耳（左式）（9 左 /17）**

同要素 36。

**要素 118　特立独行（左式）（9 左 /17）**

同要素 37。

**要素 119　瞻前顾后（左式）（4 左 /7）**

同要素 38。

**要素 120　繁华落幕（左式）（4 左 /8）**

同要素 39。

# 第二十节　博思楼（1/2）

### 要素 121　旁敲侧击（1/2）

接上式要素 120 繁华落幕（左式），如图 3-20-1~3-20-3 所示。右手外旋，往右后下方向划一弧线至右胯侧，同时左手掌缘略往前下方推压；此时，身体略下蹲，重心仍在右足；两眼视前手。

### 要素 122　趋炎附势（1/2）

接旁敲侧击，如图 3-20-4~3-20-5 所示。左手后拉，右手内旋至与左手并列相会于心口前上，两手心向下；同时，重心移至两足之间；两眼视前。

图 3-20-1　过渡式 57　　　图 3-20-2　过渡式 58　　　图 3-20-3　旁敲侧击

图 3-20-4　过渡式 59　　　图 3-20-5　趋炎附势

## 要素 123　七上八下（5/8）

接趋炎附势，如图 3-20-6~3-20-8 所示。重心移至左足；同时，两手上下分开，手心相对，左手背近贴颌下，右手落至小腹前；右足跟微离地；两眼视前。

运行过程中，身体竖直端庄。

## 要素 124　持平在心（5/8）

接七上八下，如图 3-20-9~3-20-10 所示。重心移至两足间偏右

图 3-20-6　过渡式 60　　　图 3-20-7　过渡式 61　　　图 3-20-8　七上八下

图 3-20-9　过渡式 62　　　图 3-20-10　持平在心

足；同时，两手在心口前相遇，手心水平相对，掌指前方；两眼视前。

运行过程中，身体竖直，下颌里收。

### 要素 125　顶天立地（1/2）

接持平在心，如图 3-20-11~3-20-13 所示。重心移至左足；同时，右手外旋上举至头顶正上方偏前；左手下按至左胯前侧旁一二寸，拇指约指向左胯的前侧部；两眼正视前方。

图 3-20-11　过渡式 63　　　图 3-20-12　过渡式 64　　　图 3-20-13　顶天立地

## 要素 126　俯首甘为（1/2）

接顶天立地，如图 3-20-14~3-20-16 所示。重心渐移至右足；右手往下按，同时左手上抬，当两手相会于小腹前时，两手均按向地面，继续下行至极限处停住；左足同时往回撤，撤至左足后跟与右足后跟呈似挨未挨的状态；两腿微微弯曲，两胯根用意缩住劲；两眼视前下方向。身体虽有曲折的形式，但腹内总要含有虚空松开之意。

图 3-20-14　过渡式 65　　　图 3-20-15　过渡式 66　　　图 3-20-16　俯首甘为

## 要素 127　扬鞭指远（左式）（1左/5）

接俯首甘为，如图 3-20-17~3-20-20 所示。身体直竖起；两手同时上提至心口前，两手心斜相对，指向身体前下方；重心仍在右足；两眼视前下方；再将右手往上抬起，起至手背靠着头正额处，左手虎口朝上，同时从心口前往前伸直，左手食指尖与口鼻（或肩）相平，左手心朝向前下方；左足同时极力往前迈去，重心略前移；两眼朝左手食指方向看去。

运行过程中，应将神气沉住，分清内外开合、虚实动静，不可有一丝混淆，切忌造成内中神气散乱不整。

图 3-20-17　过渡式 67　　图 3-20-18　过渡式 68

图 3-20-19　过渡式 69　　图 3-20-20　扬鞭指远（左式）

**要素 128　乾坤挪移（1/2）**

接扬鞭指远（左式），如图 3-20-21～3-20-22 所示。借助摆荡周折，重心转换至左足。

实际上，这是一个过渡过程，但在道功中，也将其列为一个独立要素。

图 3-20-21　过渡式 70　　图 3-20-22　乾坤挪移

**要素 129　扬鞭指远（右式）（2 右 /5）**

接乾坤挪移，如图 3-20-23～3-20-24 所示。身体整体右转至脸朝向右边（要素 1 静穆来袭之右方）；重心偏向左足，右足尽量往前（要素

图 3-20-23　过渡式 71　　图 3-20-24　扬鞭指远（右式）

1 静穆来袭之右方）迈去；同时，左手移至手背靠着头正额处，右手尽量往前往下斜着落去伸直，掌心朝前下方，食指尖与口鼻（或肩）相平，虎口仍朝上；两眼顺着右手食指梢看去。

### 要素 130　迎头相对（1/2）

接扬鞭指远（右式），如图 3-20-25~3-20-28 所示。身体右旋转正（朝向要素 1 静穆来袭之右方），左手内旋，从头正额处往前往下落去，右手同时回撤，待两手至同一高度时共同收至两胁旁。随即，重心移向右足。两手同时内旋，变至两手心斜相对着；两眼朝两手当中方向看去；

图 3-20-25　过渡式 72　　图 3-20-26　过渡式 73

图 3-20-27　过渡式 74　　图 3-20-28　迎头相对

两足仍未离地，左足以前足掌为轴，足跟略外撒欠起。

运行过程中，两手之劲往前伸，两肩虚空着往回缩；腰中之劲微有下塌之意，此意宜取虚空之意。总之，周身内外之劲应做到神气收敛，气往下沉。

## 要素 131　一退再退（1/2）

接迎头相对，如图 3-20-29～3-20-34 所示。左足先往后微微撒步，两胯、两肩里根极力往回缩住，重心移至左足；右足再极力往后撒步，撒至左足后边，斜着落下，呈半"八"字形，两足远近仍以不牵动左足处身体重心为限。两手手心斜相对着，拉回至胸前，渐变成拳；随即，

图 3-20-29　过渡式 75　　　图 3-20-30　过渡式 76　　　图 3-20-31　过渡式 77

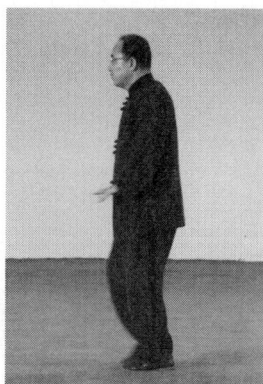

图 3-20-32　过渡式 78　　　图 3-20-33　过渡式 79　　　图 3-20-34　一退再退

两手如揪虎尾之意，徐徐外撑落在小腹处。右足渐实，重心移至右足；左足在两手往回揪落的同时也往回撤步，撤至左足后跟在右足前二三寸处落下，足前掌着地。身体在两手往回揪时，也徐徐往上起，头要往上顶；身体虽然起直，但两腿要呈现弯曲的形式。两眼视前。

运行过程中，腹内之气，仍要缩回丹田；腰仍要往下塌住劲。一切伸缩顶塌揪皆是用意不用拙力。

### 要素 132　上下同（齐）进（1/2）

接一退再退，如图 3-20-35~3-20-36 所示。重心仍在右足；两手（拳型）同时靠着身体往上起，起至心口上边；再往上又往前伸去，到极处勿停。左足也在两手前伸的同时往前迈步，足尖往外斜着落下，呈半"八"字形；身体不动，两足远近以不牵动右足处身体重心为限。两眼顺着两手当中望去。

图 3-20-35　过渡式 80　　图 3-20-36　上下同（齐）进

### 要素 133　毅然决然（1/2）

接上下同（齐）进，如图 3-20-37~3-20-39 所示。两拳型往下落，仍到小腹处；重心移至左足；右足在两手往下落的同时往前迈去，迈至左足前边，右足直着落下，前足掌着地；两足距离远近以身体不落不起、不俯不仰、不移动重心为限；两眼视前偏下方。

图 3-20-37 过渡式 81　　　图 3-20-38 过渡式 82　　　图 3-20-39 毅然决然

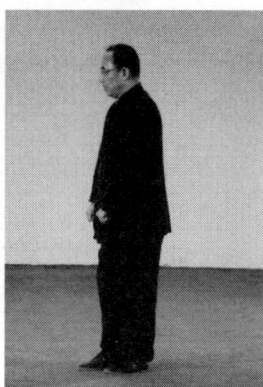

## 博思楼要素推演连续图谱

图 3-20-1 过渡式 57　　　图 3-20-2 过渡式 58　　　图 3-20-3 旁敲侧击

图 3-20-4 过渡式 59　　　图 3-20-5 趋炎附势　　　图 3-20-6 过渡式 60

图 3-20-7　过渡式 61

图 3-20-8　七上八下

图 3-20-9　过渡式 62

图 3-20-10　持平在心

图 3-20-11　过渡式 63

图 3-20-12　过渡式 64

图 3-20-13　顶天立地

图 3-20-14　过渡式 65

图 3-20-15　过渡式 66

太极拳心解
三十年道功修习体悟

图 3-20-16 俯首甘为　　　图 3-20-17 过渡式 67　　　图 3-20-18 过渡式 68

图 3-20-19 过渡式 69　图 3-20-20 扬鞭指远（左式）　图 3-20-21 过渡式 70

图 3-20-22 乾坤挪移　　图 3-20-23 过渡式 71　　图 3-20-24 扬鞭指远（右式）

图 3-20-25　过渡式 72　　　图 3-20-26　过渡式 73　　　图 3-20-27　过渡式 74

图 3-20-28　迎头相对　　　图 3-20-29　过渡式 75　　　图 3-20-30　过渡式 76

　图 3-20-31　过渡式 77　　　图 3-20-32　过渡式 78　　　图 3-20-33　过渡式 79

图 3-20-34　一退再退　　　图 3-20-35　过渡式 80　　　图 3-20-36　上下同（齐）进

图 3-20-37　过渡式 81　　　图 3-20-38　过渡式 82　　　图 3-20-39　毅然决然

# 第二十一节　临观阁（3/8）

### 要素 134　临海观潮（3/8）

接上节要素 133 毅然决然，如图 3-21-1～3-21-3 所示。重心仍在左足，调整身形面向右方（要素 1 静穆来袭之右方）；右足前掌着地，足

图 3-21-1　过渡式 83　　　图 3-21-2　过渡式 84　　　图 3-21-3　临海观潮

跟离地虚起，收至左足内踝骨前少许，似挨非挨；两手塌腕收至右肩前，似挨非挨，右手心朝向左前方，左手心朝向右前方，左手食指与右手大鱼际约略相齐；两眼视前。

### 要素 135　太公探海（3/8）

同要素 14。

### 要素 136　踽踽独行（3/8）

同要素 15。

# 第二十二节　开合殿（左式）（6左/13）

### 要素 137　谛听良久（左式）（4左/10）

同要素 16。

### 要素 138　西伯思贤（左式）（4左/10）

同要素 17。

### 要素 139　开门观远（6/13）

同要素 18。

### 要素 140　掩门待贤（6/13）

同要素 19。

# 第二十三节　演武厅（3/8）

### 要素 141　携鞭初探（3/8）

同要素 20。

### 要素 142　定形开鞭（3/8）

同要素 21。

# 第二十四节　紫云庭（1/1）

### 要素 143　右式周旋（1/8）

接上节要素 142 定形开鞭，如图 3-24-1 所示。重心移至右足，左足往右足方向迈去，在右足左侧适当距离处落地，足尖仍往左边斜着；同时，右手稍回拉，撑住，掌心向右前方；左手臂靠着身子从左边往右边划下弧线，划至左手位于小腹前肚脐偏左，与身体似挨非挨，掌心向右前下方，呈似停未停的状态；两眼朝右手方向看去。

图 3-24-1　右式周旋

### 要素 144　周旋转关（大）（1/12）

接右式周旋，如图 3-24-2～3-24-3 所示。两手撑住不动；左足往左边（要素 1 静穆来袭之左方）迈出，距离以不牵动右足处身体重心为限；两眼视右下方。

图 3-24-2　过渡式 85　　　图 3-24-3　过渡式 86

如图 3-24-4~3-24-5 所示。随即重心移至两足中间，身体端正；同时两手移至胯前，下撑，掌指向前；两眼视前偏下。

图 3-24-4　过渡式 87　　图 3-24-5　周旋转关（大）

### 要素 145　左式周旋（1/7）

接周旋转关（大），如图 3-24-6~3-24-9 所示。重心移至左足，右足仍往左边迈去，在左足右侧适当距离处落下，足尖仍往右边斜着。同时，两手往身体左侧方向分划上下弧线，形成与本式要素 143 动作对称的状态。即：右手臂靠着身子从右边往左边划下弧线，划至右手位于小腹前偏右，呈似停未停的状态；同时，左手往左边划上弧线，从眼前划至口鼻的左前方，大致与口鼻相平。两眼视左偏下。

图 3-24-6　过渡式 88　　图 3-24-7　过渡式 89

第三章　孙式太极拳道功书院行功之要素图文解析

图 3-24-8　过渡式 90　　　图 3-24-9　左式周旋

## 要素 146　周旋转关（小）（2/12）

接左式周旋，如图 3-24-10~3-24-11 所示。重心移至两足中间，身体端正；同时两手移至胯前，下撑，掌指向前；两眼视前。

与要素 144 相比较，此周旋转关的两足之间距离较短，称之为小转关。要素 143 至要素 146 为一个完整周期。

图 3-24-10　过渡式 91　　　图 3-24-11　周旋转关（小）

## 要素 147　右式周旋（2/8）

接周旋转关（小），如图 3-24-12~3-24-13 所示。重心移向右足，左足原位略调整，足尖仍往左边斜。同时，两手往身体右侧方向分划上下弧线，形成与本式要素145动作对称的状态。即：左手臂靠着身子往右边划下弧线，划至左手位于小腹前肚脐偏左，似挨非挨，掌心向右前下方，呈似停未停的状态；同时，右手往右边划一上弧线，从眼前划至口鼻的右前方，大致与眉毛相平。两眼朝右手方向看去。

图 3-24-12　过渡式 92　　图 3-24-13　右式周旋

### 要素 148　周旋转关（大）（3/12）

同要素 144，如图 3-24-14 所示。

### 要素 149　左式周旋（2/7）

同要素 145，如图 3-24-15 所示。

### 要素 150　周旋转关（小）（4/12）

同要素 146，如图 3-24-16 所示。

要素 147 至要素 150 为第二个完整周期，与要素 143 至要素 146 大致相同，要素 143 与要素 147 有所区别。

### 要素 151　右式周旋（3/8）

同要素 147，如图 3-24-17 所示。

## 要素 152　周旋转关（大）（5/12）

同要素 144、148，如图 3-24-18 所示。

## 要素 153　左式周旋（3/7）

同要素 145、149，如图 3-24-19 所示。

## 要素 154　前后周旋（1/2）

接左式周旋，如图 3-24-20～3-24-21 所示。两手从左边往右边运行时，左手到心口处，手臂靠着身子，右手抬起约与肩平；同时，重心移至右足，左足落至右足左后方，与右足成一"丁"字形，两足距离以不牵动右足处身体重心为限；两眼视前下方。

图 3-24-20　过渡式 93　　图 3-24-21　前后周旋

## 要素 155　全身而退（1/2）

接前后周旋，如图 3-24-22～3-24-24 所示。右手从上往下划下弧线，落至右胯前，手心朝左，中手指指向前下方；同时，左手沿下弧线划至小腹左前，手心由朝右前下方转向朝右；然后，两手即速往前上抬起，右手约与肩平，左手与心口约略相平，手臂似曲非曲、似直非直，两手心斜相对；与此同时，重心移至左足，右足往前边迈去少许落下，两足仍成"丁"字形，距离以不牵动左足处身体重心为限；两眼视前下方。

图 3-24-22　过渡式 94　　图 3-24-23　过渡式 95　　图 3-24-24　全身而退

## 要素 156　千般寻机（1/1）

接全身而退，如图 3-24-25～3-24-27 所示。重心不变；两手仍重复要素全身而退的手部动作，惟即速往前上抬起变为缓缓往前上抬起；两眼视前。

图 3-24-25　过渡式 96　　图 3-24-26　过渡式 97　　图 3-24-27　千般寻机（1）

重心仍然不变，如图 3-24-28～3-24-30 所示。两手沿上弧线回拉外拧，拧至两手先开于两肩前，再沿下弧线向左前相合挤出；两眼变至视左前。

图 3-24-28　过渡式 98　　图 3-24-29　过渡式 99　　图 3-24-30　千般寻机（2）

**要素 157　伺机而动（1/1）**

接千般寻机，如图 3-24-31～3-24-32 所示。重心仍不变，两手回拉往外拧，拧至两手先开于两肩前；然后原位向左前相合挤出，同时右足朝左前方（要素 1 静穆来袭之左前方）略迈，足跟着地；两眼视左前方。

图 3-24-31　过渡式 100　　图 3-24-32　伺机而动

## 要素 158　一朝捧宝（1/1）

接伺机而动，如图 3-24-33~3-24-34 所示。重心移至右足，左足跟至右足左后方二三寸处；同时，两手合于胸前，身体朝向要素 1 静穆来袭之左前方；两眼朝两手中间方向看去。

图 3-24-33　过渡式 101　　图 3-24-34　一朝捧宝

## 要素 159　垂手肃立（1/5）

接一朝捧宝，如图 3-24-35 所示。两手下垂于身体两侧，呈不落不起、不俯不仰状态；两眼平视。

## 要素 160　寒江独钓（1/3）

接垂手肃立，如图 3-24-36~3-24-37 所示。将两手如单鞭式分开；右足在两手分开的同时抬起，朝着要素 1 静穆来袭之左前方向，

图 3-24-35　垂手肃立

离地即可；两眼朝右手看去；腰微往下塌，腹内松开，气同时要往下沉。

图 3-24-36　过渡式 102　　图 3-24-37　寒江独钓

## 要素 161　二度捧宝（1/1）

　　接寒江独钓，如图 3-24-38~3-24-39 所示。即速将右足落回原处，重心移至右足；两手同时往一处合，形式与开合手要素掩门待贤相同；身体约朝向要素 1 静穆来袭之左后方；左足跟随即抬起，足尖着地；眼往两手中间看去。

图 3-24-38　过渡式 103　　图 3-24-39　二度捧宝

## 要素 162　垂手肃立（2/5）

接二度捧宝，如图 3-24-40 所示。两手下垂于身体两侧，呈不落不起、不俯不仰状态；两眼平视。

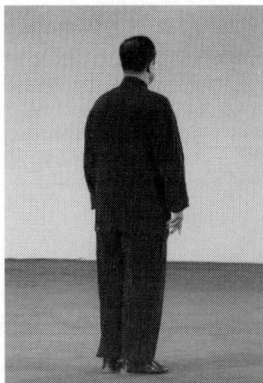

## 要素 163　寒江独钓（2/3）

接垂手肃立，如图 3-24-41~3-24-42 所示。将两手如单鞭式分开；左足抬起，与要素 160 右足抬起相同（惟方向朝着要素 1 静穆来袭之右后）；两眼往左手方向看去。

图 3-24-40　垂手肃立

图 3-24-41　过渡式 104　　　图 3-24-42　寒江独钓

## 要素 164　三度捧宝（1/1）

接寒江独钓，如图 3-24-43 所示。左足落回原处，足尖着地或不着地均可；两手同要素 161，往一处合住；身体约朝向要素 1 静穆来袭之左后方；眼往两手中间看去。

## 要素 165　垂手肃立（3/5）

接三度捧宝，如图 3-24-44 所示。两手下垂于身体两侧，呈不落不起、不俯不仰状态；两眼平视。

图 3-24-43　三度捧宝　　　图 3-24-44　垂手肃立

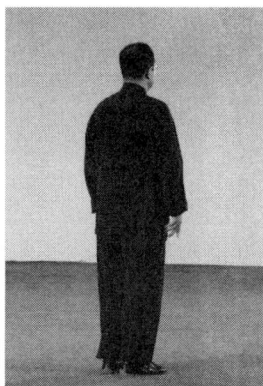

## 要素 166　老僧枯禅（1/2）

接垂手肃立，如图 3-24-45～3-24-46 所示。右足和身体微向左转，重心在右足；随即两手仍保持要素 140 掩门待贤状于胸前颌下合住；同

图 3-24-45　过渡式 105　　　图 3-24-46　老僧枯禅

时左腿抬起，大腿与地面相平；身体仍大略朝向要素 1 静穆来袭之左后方；两眼视左前方。

### 要素 167　凤凰展翅（1/2）

接老僧枯禅，如图 3-24-47 所示。左足尖回勾向左前下方（要素 1 静穆来袭之右后方向）蹬出；两手继续如要素 142 定形开鞭状分开；两眼视左前方。

### 要素 168　清风激（扑）面（1/1）

接凤凰展翅，如图 3-24-48~3-24-50 所示。左足跟落至地面，重心移向左足；两手渐

图 3-24-47　凤凰展翅

握拳，待全部重心移至左足时，全身做振翅欲飞状，右足微微离地即可；两眼视左前。

图 3-24-48　过渡式 106　　图 3-24-49　过渡式 107　　图 3-24-50　清风激（扑）面

### 要素 169　二度临风（1/1）

接清风激（扑）面，如图 3-24-51~3-24-53 所示。右足落至地面，

重心移向右足；待全部重心移至右足时，全身再做振翅欲飞状，左足微微离地即可；两眼视左前。

图 3-24-51　过渡式 108　　图 3-24-52　过渡式 109　　图 3-24-53　二度临风

## 要素 170　俯身探涧（1/1）

接二度临风，如图 3-24-54～3-24-56 所示。动作不停，重心移至两足间，偏向左足；左手往左胯前稍拉，略做调整；同时，右手从耳旁往前、往下，从两腿中间打下去，至左膝下停住；两眼看右手。右手往下打时，身子随着往下弯曲，腰总要用意极力塌住劲，腹内也要用意极力松开。

　图 3-24-54　过渡式 110　　图 3-24-55　过渡式 111　　图 3-24-56　俯身探涧

## 要素 171　背倚松石（1/1）

接俯身探涧，如图 3-24-57~3-24-58 所示。重心移向右足；身体若倚垂直树木状，两手成拳，似挨非挨，收于小腹前；两眼视前偏下。

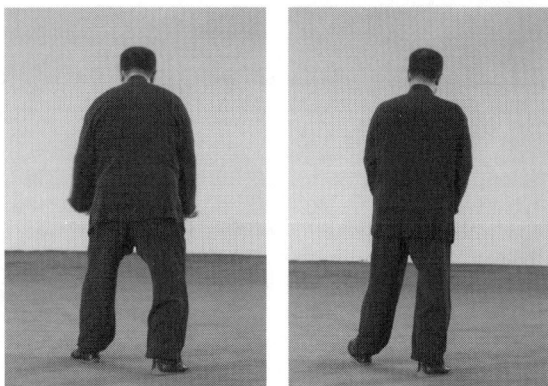

图 3-24-57　过渡式 112　　图 3-24-58　背倚松石

## 要素 172　弹衣抖露（1/1）

接背倚松石，如图 3-24-59~3-24-61 所示。重心不变；身体保持原状，两手若拉衣轻弹而导致全身微抖；两眼视前下。

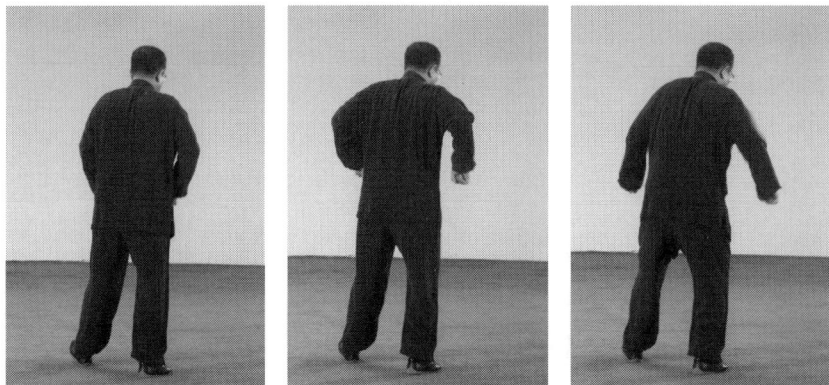

图 3-24-59　过渡式 113　　图 3-24-60　过渡式 114　　图 3-24-61　弹衣抖露

## 要素 173　二度弹衣（1/1）

接弹衣抖露，如图 3-24-62~3-24-63 所示。左足跟外撇，重心移至左足，身体略右转，稳住，两手若拉衣再次轻抖；两眼视前下。

图 3-24-62　过渡式 115　　　图 3-24-63　二度弹衣

## 要素 174　凭栏望山（1/1）

接二度弹衣，如图 3-24-64~3-24-66 所示。重心移至右足；右拳从前边一边外扭，一边往下落至右胯侧，拳眼向上；左手变掌，从左胯处一边外扭，一边往前上方起至左胸前；同时，左足极力往前迈至右足

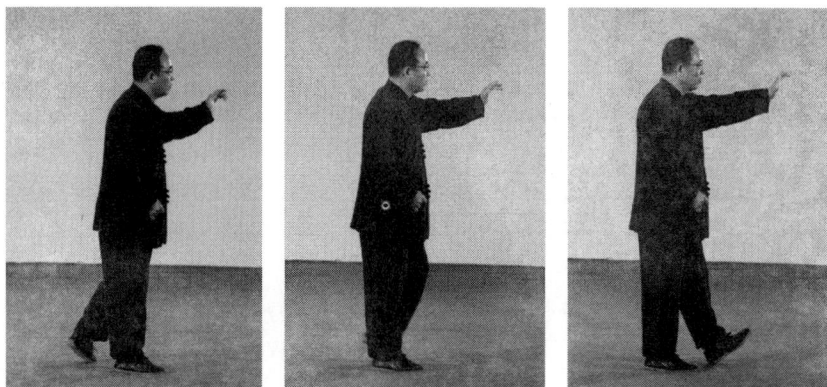

图 3-24-64　过渡式 116　　图 3-24-65　过渡式 117　　图 3-24-66　　凭栏望山

太极拳心解
三十年道功修习体悟

前边落下，足尖朝外斜，仍如半"八"字形（或错综"八"字形），距离以不牵动右足处身体重心为限度；身体朝向要素 1 静穆来袭之左方；眼朝左手方向看去。

### 要素 175　侧耳听风（1/1）

接凭栏望山，如图 3-24-67 所示。重心移向左足；左手从左胸前往心口前下方搂下去，至左胯前上停住；同时，右手自右胯处往上来，手腕往外扭至右口角处，如画一小圆圈之意，手心朝外；眼看前方。

图 3-24-67　侧耳听风

### 要素 176　临崖涉险（1/1）

接侧耳听风，如图 3-24-68~3-24-69 所示。右足从后跟提起，往前抬去；右手在右足往前抬时，从口角处变掌往前出，望着右足面拍去（意象）；同时，左手撑劲，移至左胯侧上方，拇指正对胯尖偏上。眼看右手方向。

图 3-24-68　过渡式 118

图 3-24-69　临崖涉险

## 要素 177　左右逢源（1/1）

接临崖涉险，如图 3-24-70～3-24-76 所示。右足落下，未触地前，即在身体作势升腾状态中，右转约 135° 后顺势落下，右足尖着地，距离以不牵动左足处身体重心为限；左足掌不离地；两手同时成拳分开上举，上抬高度不过口鼻；腰微往下塌劲；眼看前方。

随即，重心移至右足，左足微微离地后，在身体作势升腾状态中左转约 90° 后顺势落下，左足尖着地，距离以不

图 3-24-70　过渡式 119

图 3-24-71　过渡式 120

图 3-24-72　过渡式 121

图 3-24-73　左右逢源（1）

图 3-24-74　过渡式 122

图 3-24-75　过渡式 123

图 3-24-76　左右逢源（2）

太极拳心解
——
三十年道功修习体悟

牵动右足处身体重心为限；右足掌不离地；两手同时成拳分开上举，上抬高度不过口鼻，两肘微微外撑而略做调整；腰微往下塌劲；眼看前方。

### 要素 178　负笈问教（1/1）

接左右逢源，如图 3-24-77～3-24-80 所示。重心移至左足；同时两拳随身体微左转，往左下拉至左胯前，如欲提拽重物；眼视左前下方。

随即，身体右转，徐徐上起，重心移至右足，头微微上顶；同时，两手成拳，如拽提重物从左向右轻起、轻移、轻放，此时两拳外扭，沿着身体（勿挨，离开少许）大约上起至心口高度，然后下落至小腹前。

运行过程中，右足尖先微离地，以右足跟为轴，略向外转，然后再落实；同时，左足跟步，落至右足左后二三寸处；两眼由视左前下方转向视右前下方。

图 3-24-77　过渡式 124

图 3-24-78　过渡式 125　　图 3-24-79　过渡式 126　　图 3-24-80　负笈问教

### 要素 179　四度捧宝（1/1）

接负笈问教，如图 3-24-81～3-24-83 所示。重心移至左足；同时，两手张开，手心相对，沿身体（勿挨，离开少许）上抬至心口上方少许；与此同时，右足抬起，随即，足尖朝外斜着落下，仍如半"八"字形；同时，两手立掌状，同要素140掩门待贤合抱于胸前颌下；身体约朝向要素1静穆来袭之左前方向；两眼视前方偏下。

图 3-24-81　过渡式127　　图 3-24-82　过渡式128　　图 3-24-83　四度捧宝

### 要素180　垂手肃立（4/5）

接四度捧宝，如图 3-24-84～3-24-85 所示。两手下垂于身体两侧，呈不落不起、不俯不仰状态；身体约朝向要素1静穆来袭之右前方向；两眼平视。

图 3-24-84　过渡式129　　图 3-24-85　垂手肃立

## 要素 181　寒江独钓（3/3）

接垂手肃立，如图 3-24-86~3-24-87 所示。将两手如单鞭式分开，左足抬起，与要素 160 右足抬起相同（朝着要素 1 静穆来袭之左前方向）；两眼往左手方向看去。

图 3-24-86　过渡式 130　　图 3-24-87　寒江独钓

## 要素 182　百步九折（1/2）

接寒江独钓，如图 3-24-88~3-24-94 所示。身体微微右转，两手和左足齐落，两手撑掌于胯前，左足尖内扣，左足跟着地（一折）；两眼视前。

图 3-24-88　百步九折（1）　　图 3-24-89　过渡式 131

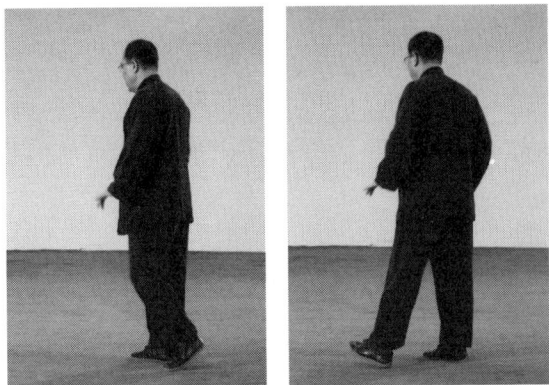

图 3-24-90　过渡式 132　　图 3-24-91　百步九折（2）

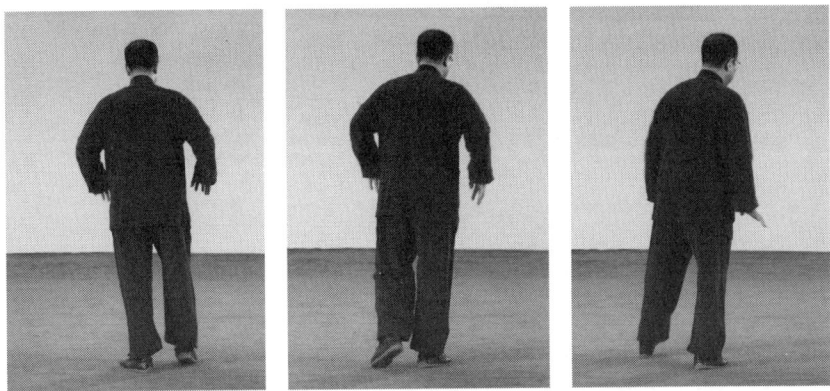

图 3-24-92　过渡式 133　　图 3-24-93　过渡式 134　　图 3-24-94　百步九折（3）

随即重心移至左足，右足跟微微虚起，前足掌着地；而后重心移至右足，同时身体微微右转，左足再向左前内扣着地（二折），两足距离远近以不牵动右足处身体重心为限；两眼视前。视需要，重复这一过程若干次（多折）。

最终，重心在右足，左足内扣在右足左前，距离以不牵动右足处身体重心为限；两眼视前。

### 要素 183　五度捧宝（1/1）

接百步九折，如图 3-24-95~3-24-96 所示。重心移至左足，两手同时往一处合，形式与开合手要素 140 掩门待贤相同；右足跟至左足旁，

太极拳心解
三十年道功修习体悟

足尖着地；身体约朝向要素1静穆来袭之左后方向；眼往两手中间看去。

图 3-24-95　过渡式 135　　图 3-24-96　五度捧宝

## 要素 184　垂手肃立（5/5）

接五度捧宝，如图 3-24-97 所示。两手下垂于身体两侧，呈不落不起、不俯不仰状态；两眼平视。

## 要素 185　老僧枯禅（2/2）

接垂手肃立，如图 3-24-98～3-24-99 所示。右足和身体微调，重心在左足；两手仍保持要素 140 掩门待贤状于胸前颌下合住，同时右腿

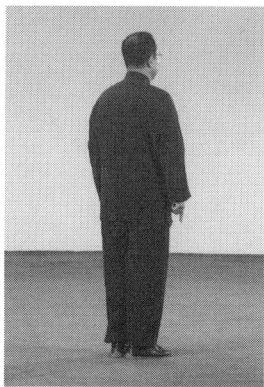

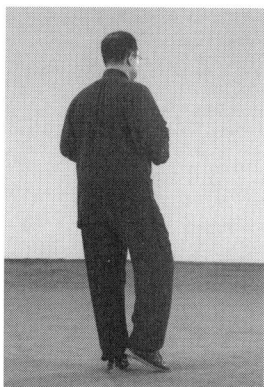

图 3-24-97　垂手肃立　　图 3-24-98　过渡式 136　　图 3-24-99　老僧枯禅

抬起，大腿与地面相平；两眼视右前方。

### 要素186　凤凰展翅（2/2）

接老僧枯禅，如图3-24-100~3-24-101所示。重心仍在左足；右足尖回勾，向右前下方（要素1静穆来袭之左方）蹬出；两手继续如要素142定形开鞭状分开；两眼视右前方。

图3-24-100　过渡式137　　图3-24-101　凤凰展翅

### 要素187　投石问路（1/1）

接凤凰展翅，如图3-24-102~3-24-104所示。两手和右足齐落，

图3-24-102　过渡式138　　图3-24-103　过渡式139　　图3-24-104　投石问路

两手撑掌在胯前，右足着地；随即，重心移至右足，左足跃步前迈，两足距离远近以不牵动右足处身体重心为限；右手掌心向上置于胯前，左手随左足前迈向前偏下方按去；两眼视前。

## 紫云庭要素推演连续图谱

图 3-24-1　右式周旋　　　图 3-24-2　过渡式 85　　　图 3-24-3　过渡式 86

图 3-24-4　过渡式 87　　　图 3-24-5　周旋转关（大）　　图 3-24-6　过渡式 88

图 3-24-7　过渡式 89　　图 3-24-8　过渡式 90　　图 3-24-9　左式周旋

图 3-24-10　过渡式 91　　图 3-24-11　周旋转关（小）　　图 3-24-12　过渡式 92

图 3-24-13　右式周旋　　图 3-24-14　周旋转关（大）　　图 3-24-15　左式周旋

图 3-24-16　周旋转关（小）　　图 3-24-17　右式周旋　　图 3-24-18　周旋转关（大）

图 3-24-19　左式周旋　　图 3-24-20　过渡式 93　　图 3-24-21　前后周旋

图 3-24-22　过渡式 94　　图 3-24-23　过渡式 95　　图 3-24-24　全身而退

图 3-24-25　过渡式 96　　　图 3-24-26　过渡式 97　　　图 3-24-27　千般寻机（1）

图 3-24-28　过渡式 98　　　图 3-24-29　过渡式 99　　　图 3-24-30　千般寻机（2）

图 3-24-31　过渡式 100　　　图 3-24-32　伺机而动　　　图 3-24-33　过渡式 101

图 3-24-34　一朝捧宝　　　图 3-24-35　垂手肃立　　　图 3-24-36　过渡式 102

图 3-24-37　寒江独钓　　　图 3-24-38　过渡式 103　　　图 3-24-39　二度捧宝

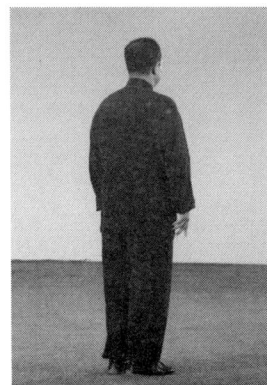

图 3-24-40　垂手肃立　　　图 3-24-41　过渡式 104　　　图 3-24-42　寒江独钓

135

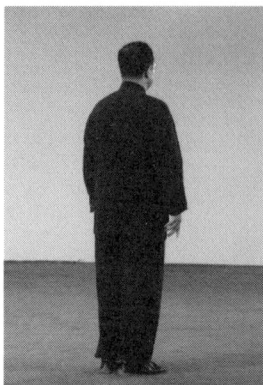

图 3-24-43　三度捧宝　　图 3-24-44　垂手肃立　　图 3-24-45　过渡式 105

图 3-24-46　老僧枯禅　　图 3-24-47　凤凰展翅　　图 3-24-48　过渡式 106

　图 3-24-49　过渡式 107　　图 3-24-50　清风激（扑）面　　图 3-24-51　过渡式 108

图 3-24-52 过渡式 109　　图 3-24-53 二度临风　　图 3-24-54 过渡式 110

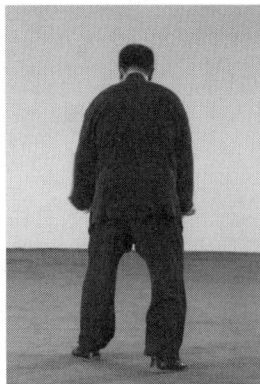

图 3-24-55 过渡式 111　　图 3-24-56 俯身探涧　　图 3-24-57 过渡式 112

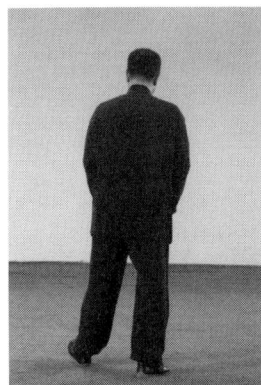

图 3-24-58 背倚松石　　图 3-24-59 过渡式 113　　图 3-24-60 过渡式 114

图 3-24-61　弹衣抖露　　图 3-24-62　过渡式 115　　图 3-24-63　二度弹衣

图 3-24-64　过渡式 116　　图 3-24-65　过渡式 117　　图 3-24-66　凭栏望山

图 3-24-67　侧耳听风　　图 3-24-68　过渡式 118　　图 3-24-69　临崖涉险

图 3-24-70　过渡式 119　　图 3-24-71　过渡式 120　　图 3-24-72　过渡式 121

图 3-24-73　左右逢源（1）　　图 3-24-74　过渡式 122　　图 3-24-75　过渡式 123

图 3-24-76　左右逢源（2）　　图 3-24-77　过渡式 124　　图 3-24-78　过渡式 125

图 3-24-79　过渡式 126　　　图 3-24-80　负笈问教　　　图 3-24-81　过渡式 127

图 3-24-82　过渡式 128　　　图 3-24-83　四度捧宝　　　图 3-24-84　过渡式 129

图 3-24-85　垂手肃立　　　图 3-24-86　过渡式 130　　　图 3-24-87　寒江独钓

图 3-24-88　百步九折（1）　　图 3-24-89　过渡式 131　　图 3-24-90　过渡式 132

图 3-24-91　百步九折（2）　　图 3-24-92　过渡式 133　　图 3-24-93　过渡式 134

图 3-24-94　百步九折（3）　　图 3-24-95　过渡式 135　　图 3-24-96　五度捧宝

图 3-24-97　垂手肃立　　图 3-24-98　过渡式 136

图 3-24-99　老僧枯禅　　图 3-24-100　过渡式 137　　图 3-24-101　凤凰展翅

图 3-24-102　过渡式 138　　图 3-24-103　过渡式 139　　图 3-24-104　投石问路

# 第二十五节　独危阁（2/2）

**要素 188　一枝独秀（2/2）**

接上节要素 187 投石问路，如图 3-25-1~3-25-3 所示。重心移至左足，右足跟至左足后一二寸处；同时，左手原地成拳，拳心向下；右手原地外旋成拳，拳眼向上，从右胁往左手腕上方直着打出，拳与心口平；两眼看右手食指中节。

右拳往前打出时，两肩不可往下硬垂劲。两肩两胯根节处和腹部仍是松开状态。整个运行过程中，要精神贯注，身式中正，意气和平，不可努气、用拙力。

图 3-25-1　过渡式 140　　图 3-25-2　过渡式 141　　图 3-25-3　一枝独秀

**要素 189　亢龙有悔（2/2）**

同要素 43。

**要素 190　退避三舍（2/2）**

同要素 44。

**要素 191　虑定思沉（2/2）**

同要素 45。

**要素 192　蓄势待机（2/2）**

同要素 46。

**要素 193　临渊履冰（2/2）**

同要素 47。

**要素 194　势定乾坤（2/2）**

同要素 48。

# 第二十六节　开合殿（右式）（7右/13）

**要素 195　谛听良久（右式）（5右/10）**

同要素 49。

**要素 196　西伯思贤（右式）（5右/10）**

同要素 50。

**要素 197　开门观远（7/13）**

同要素 51。

**要素 198　掩门待贤（7/13）**

同要素 52。

# 第二十七节　诸葛庐（右式）（4右/5）

**要素 199　踌躇思绪（右式）（4右/5）**

同要素 53。

**要素 200　七上八下（右式）（6右/8）**

同要素 54。

**要素 201　持平在心（右式）（6右/8）**

同要素 55。

**要素 202　拨草寻蛇（右式）（10右/17）**

同要素 56。

**要素 203　清风过耳（右式）（10右/17）**

同要素 57。

**要素 204　特立独行（右式）（10右/17）**

同要素 58。

**要素 205　瞻前顾后（右式）（5 右 /7）**

同要素 59。

**要素 206　繁华落幕（右式）（5 右 /8）**

同要素 60。

# 第二十八节　临观阁（4/8）

与第十三节临观阁完全相同。

**要素 207　临海观潮（4/8）**

同要素 61。

**要素 208　太公探海（4/8）**

同要素 14、62。

**要素 209　踽踽独行（4/8）**

同要素 15、63。

# 第二十九节　开合殿（左式）（8左/13）

**要素210　谛听良久（左式）（6左/10）**

同要素16。

**要素211　西伯思贤（左式）（6左/10）**

同要素17。

**要素212　开门观远（8/13）**

同要素18。

**要素213　掩门待贤（8/13）**

同要素19。

# 第三十节　演武厅（斜）（4/8）

**要素214　携鞭初探（4/8）**

接上节要素213掩门待贤，如图3-30-1所示。右足适当调整，左足往左前方迈去，其余与要素20相同。

**要素215　定形开鞭（4/8）**

文同要素21，如图3-30-2所示。

图 3-30-1　携鞭初探　　图 3-30-2　定形开鞭

# 第三十一节　沧浪亭（1/1）

### 要素216　声东击西（1/1）

接上节要素215定形开鞭，如图3-31-1～3-31-3所示。重心移至右足，左足往右足的左后方迈去，距离远近以不牵动右足处身体重心为限；两手自原位稍稍下落；两眼视前。

图 3-31-1　声东击西（1）　　图 3-31-2　过渡式142　　图 3-31-3　声东击西（2）

随即，重心移至左足，右足后撤至左足前，右足跟尽量贴近左足内踝骨，右足尖点地，右足跟微微离地；两手下落至胯前；两眼视前。

### 要素217　徘徊不前（1/1）

接声东击西，如图3-31-4~3-31-12所示。重心在左足，右足前迈，距离以不牵动左足处身体重心为限；重心移至右足，左足继续前迈，距离以不牵动右足处身体重心为限；重心移至左足，右足跟至左足旁；重心移至右足，左足尽量后伸，距离以不牵动右足处身体重心为限；重心移至左足，右足后撤至左足前，右足跟尽量贴近左足内踝骨；两眼视前。

图3-31-4　过渡式143　　图3-31-5　过渡式144　　图3-31-6　过渡式145

图3-31-7　过渡式146　　图3-31-8　过渡式147　　图3-31-9　徘徊不前（1）

图 3-31-10　过渡式 148　　图 3-31-11　过渡式 149　　图 3-31-12　徘徊不前（2）

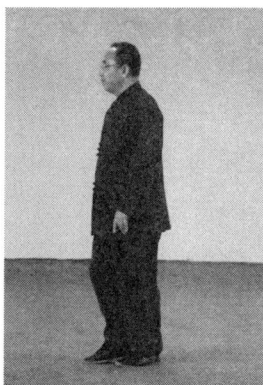

## 沧浪亭要素推演连续图谱

图 3-31-1　声东击西（1）　　图 3-31-2　过渡式 142　　图 3-31-3　声东击西（2）

图 3-31-4　过渡式 143　　图 3-31-5　过渡式 144　　图 3-31-6　过渡式 145

太极拳心解
三十年道功修习体悟

图 3-31-7　过渡式 146　　　图 3-31-8　过渡式 147　　　图 3-31-9　徘徊不前（1）

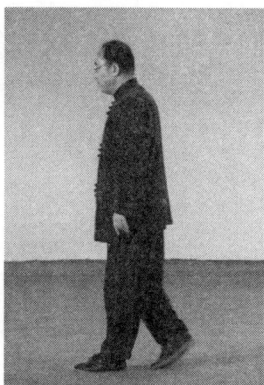

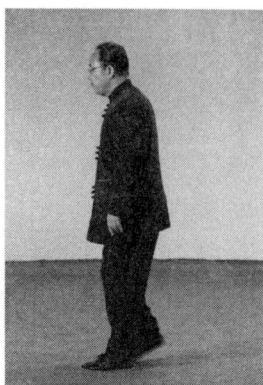

图 3-31-10　过渡式 148　　　图 3-31-11　过渡式 149　　　图 3-31-12　徘徊不前（2）

# 第三十二节　临观阁（5/8）

**要素 218　临海观潮（5/8）**

接上节要素 217 徘徊不前，如图 3-32-1～3-32-3 所示。重心仍在左足，调整身形面向右方（要素 1 静穆来袭之右方）；右足前掌着地，足跟离地虚起收至左足内踝骨前少许，似挨非挨；两手塌腕收至右肩前，似挨非挨，右手心朝向左前方，左手心朝向右前方，左手食指与右手大

图 3-32-1　过渡式 150　　　图 3-32-2　过渡式 151　　　图 3-32-3　临海观潮

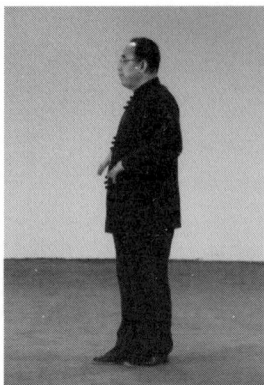

鱼际约略相齐；两眼视前。

### 要素 219　太公探海（5/8）

同要素 14。

### 要素 220　踽踽独行（5/8）

同要素 15。

# 第三十三节　开合殿（左式）（9 左 /13）

### 要素 221　谛听良久（左式）（7 左 /10）

同要素 16。

### 要素 222　西伯思贤（左式）（7 左 /10）

同要素 17。

### 要素 223　开门观远（9/13）

同要素 18。

### 要素 224　掩门待贤（9/13）

同要素 19。

# 第三十四节　演武厅（5/8）

### 要素 225　携鞭初探（5/8）

同要素 20。

### 要素 226　定形开鞭（5/8）

同要素 21。

# 第三十五节　天地祠（1/1）

### 要素 227　协力托天（1/1）

接上节要素 226 定形开鞭，如图 3-35-1~3-35-2 所示。重心移向右足，左足尖以足跟为轴里扣，略做调整；两手如托一物在额前上方；两眼视右前上方。

图 3-35-1　过渡式 152　　图 3-35-2　协力托天

### 要素 228　扬鞭指远（右式）（3右/5）

接协力托天，如图 3-35-3～3-35-4 所示。重心移向左足，两足均做调整，使身体面向正右方；左手腕往外拧着往上翻起至额头前方偏左，右手推向正前方，右手臂略弯；两眼视前。参考要素 129。

图 3-35-3　过渡式 153　　图 3-35-4　扬鞭指远（右式）

### 要素 229　腹里乾坤（1/4）

接扬鞭指远（右式），如图 3-35-5～3-35-6 所示。重心移至右足，双手下按于小腹前，左足跟至右足平齐后，重心再渐移至两足间；两眼视前下。

图 3-35-5　过渡式 154　　　图 3-35-6　腹里乾坤

**要素 230　嫦娥织锦（左式）（1 左 /4）**

接腹里乾坤，如图 3-35-7~3-35-8 所示。重心移至右足，左足向身体左前方（要素 1 静穆来袭之右前方）伸出，左足跟着地，距离以不牵动右足处身体重心为限；同时，左手臂内旋，伸向左前方，手心朝里，左手食指在口鼻高度上下，注意左肘下垂里裹，右手轻贴上腹部，向前下方按出；两眼朝着左手食指方向看去。

图 3-35-7　过渡式 155　　　图 3-35-8　嫦娥织锦（左式）

**要素 231　娲皇补天（左式）（1 左 /4）**

接嫦娥织锦（左式），如图 3-35-9 所示。重心移至左足，右足跟至左足右后适当距离；左手外翻上抬至额前上方，右手前伸，手心朝前下；

两眼视前。

### 要素232　腹里乾坤（2/4）

接娲皇补天（左式），如图 3-35-10~3-35-11 所示。身体右转，重心移向右足；左手下落，与右手一齐下按于腹前；两眼视前下。此要素过渡性较强，在要素 1 静穆来袭的背面方向上基本没有停顿。

图 3-35-9　娲皇补天（左式）　　图 3-35-10　过渡式 156　　图 3-35-11　腹里乾坤

### 要素233　嫦娥织锦（右式）（2右/4）

接腹里乾坤，如图 3-35-12~3-35-14 所示。身体继续右转，重心移至左足，右足向身体右前方（要素 1 静穆来袭之左前方）伸出；右足

图 3-35-12　过渡式 157　　图 3-35-13　过渡式 158　　图 3-35-14　嫦娥织锦（右式）

跟着地，距离以不牵动左足处身体重心为限；同时，右手臂内旋，伸向右前方，手心朝里，右手食指在口鼻高度上下，注意右肘下垂里裹，左手轻贴上腹部，向前下方按出；两眼朝着右手食指方向看去。

### 要素234 娲皇补天（右式）（2右/4）

接嫦娥织锦（右式），如图3-35-15～3-35-16所示。重心移至右足，左足跟至右足左后适当距离；右手外翻上抬至额前上方，左手前伸，手心朝前下；两眼视前。

图 3-35-15 过渡式 159　　图 3-35-16 娲皇补天（右式）

### 要素235 腹里乾坤（3/4）

接娲皇补天（右式），如图3-35-17所示。身体左转（至要素1静穆来袭之左方），重心移至右足，待左足跟至右足平齐后，重心再渐移至两足间；左手下落，与右手一齐下按于腹前；两眼视前下。

### 要素236 嫦娥织锦（左式）（3左/4）

接腹里乾坤，如图3-35-18～3-35-19所

图 3-35-17 腹里乾坤

示。重心移至右足，左足向身体左前方（要素1静穆来袭之左后方）伸

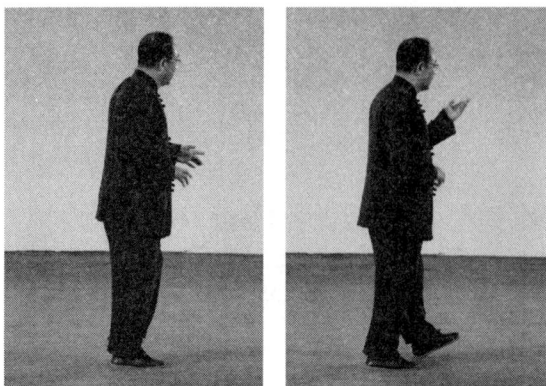

图 3-35-18　过渡式 160　　图 3-35-19　嫦娥织锦（左式）

出，左足跟着地，距离以不牵动右足处身体重心为限；同时，左手臂内旋，伸向左前方，手心朝里，左手食指在口鼻高度上下，注意左肘下垂里裹，右手轻贴着上腹部，向前下方按出；两眼朝着左手食指方向看去。

## 要素 237　娲皇补天（左式）（3 左 /4）

接嫦娥织锦（左式），如图 3-35-20 所示。重心移至左足，右足跟至左足右后适当距离；左手边外翻边上抬至额前上方，右手前伸，手心朝前下；两眼视前。

## 要素 238　腹里乾坤（4/4）

接娲皇补天（左式），如图 3-35-21～3-35-22 所示。身体右转，重心移向右足；左手下

图 3-35-20　娲皇补天（左式）

落，与右手一齐下按于腹前；两眼视前下。此要素同要素 232 一样，过渡性较强，在要素 1 静穆来袭的正面方向上基本没有停顿。

图 3-35-21　过渡式 161　　图 3-35-22　腹里乾坤

## 要素239　嫦娥织锦（右式）（4右/4）

接腹里乾坤，如图 3-35-23~3-35-25 所示。身体继续右转，重心移至左足，右足向身体右方（要素1静穆来袭之身体右方）伸出，右足跟着地，距离以不牵动左足处身体重心为限；同时，右手臂内旋，伸向右前方，手心朝里，右手食指在口鼻高度上下，注意右肘下垂里裹，左手轻贴上腹部，向前下方按出；两眼朝着右手食指方向看去。

图 3-35-23　过渡式 162　　图 3-35-24　过渡式 163　　图3-35-25　嫦娥织锦（右式）

### 要素240 娲皇补天（右式）（4右/4）

接嫦娥织锦（右式），如图3-35-26所示。重心移至右足，左足跟至右足左后适当距离；右手外翻上抬至额前上方，左手尽量前伸（相较前述各个娲皇补天要素），手心朝前；两眼视前。

图3-35-26　娲皇补天（右式）

### 要素241 缤纷散去（1/1）

接娲皇补天（右式），如图3-35-27~3-35-28所示。左足尽量后伸，伸出距离以不牵动右足身体重心为限，然后重心移向左足；同时，左手后拉，右手下落至靠近左肘上方，身体重心至两足中间时稍停；两眼视前。

图3-35-27　过渡式164　　图3-35-28　缤纷散去

### 要素242 繁华落幕（右式）（6右/8）

接缤纷散去，如图3-35-29~3-35-30所示。左手往回拉至心口前停住，右手在左手往回拉时往前伸至极处；同时，重心移至左足，右足往回撤至左足前边，右足后跟与左足相离寸许，足前掌着地；两眼视前。

太极拳心解 — 三十年道功修习体悟

图 3-35-29　过渡式 165　　图 3-35-30　繁华落幕（右式）

## 天地祠要素推演连续图谱

图 3-35-1　过渡式 152　　　图 3-35-2　协力托天　　　图 3-35-3　过渡式 153

图 3-35-4　扬鞭指远（右式）　　图 3-35-5　过渡式 154　　　图 3-35-6　腹里乾坤

图 3-35-7　过渡式 155　　图 3-35-8　嫦娥织锦（左式）　　图 3-35-9　娲皇补天（左式）

图 3-35-10　过渡式 156　　图 3-35-11　腹里乾坤　　图 3-35-12　过渡式 157

图 3-35-13　过渡式 158　　图 3-35-14　嫦娥织锦（右式）　　图 3-35-15　过渡式 159

太极拳心解
三十年道功修习体悟

图 3-35-16　娲皇补天（右式）　图 3-35-17　腹里乾坤　图 3-35-18　过渡式 160

图 3-35-19　嫦娥织锦（左式）　图 3-35-20　娲皇补天（左式）　图 3-35-21　过渡式 161

图 3-35-22　腹里乾坤　图 3-35-23　过渡式 162　图 3-35-24　过渡式 163

图3-35-25　嫦娥织锦（右式）　图3-35-26　娲皇补天（右式）　图3-35-27　过渡式164

图3-35-28　缤纷散去　　　图3-35-29　过渡式165　　图3-35-30　繁华落幕（右式）

# 第三十六节　临观阁（6/8）

与第十三节临观阁完全相同。

**要素243　临海观潮（6/8）**

同要素61。

**要素 244　太公探海（6/8）**

同要素 14、62。

**要素 245　踽踽独行（6/8）**

同要素 15、63。

# 第三十七节　开合殿（左式）（10 左 /13）

与第三、十四、二十二、二十九、三十三、四十五、四十九节开合殿完全相同。即在孙式太极拳道功 13 个开合殿中，有 8 个开合殿完全相同。

**要素 246　谛听良久（左式）（8 左 /10）**

同要素 16。

**要素 247　西伯思贤（左式）（8 左 /10）**

同要素 17。

**要素 248　开门观远（10/13）**

同要素 18。

**要素 249　掩门待贤（10/13）**

同要素 19。

# 第三十八节　演武厅（6/8）

与第四、十五、二十三、三十、三十四、四十六、五十节演武厅完全相同。即孙式太极拳道功中的 8 个演武厅完全相同。

### 要素 250　携鞭初探（6/8）

同要素 20。

### 要素 251　定形开鞭（6/8）

同要素 21。

# 第三十九节　退思阁（1/1）

### 要素 252　右式周旋（4/8）

同要素 143。

### 要素 253　周旋转关（6/12）

同要素 144。

### 要素 254　左式周旋（4/7）

同要素 145。

## 要素 255 　周旋转关（7/12）

同要素 146。

要素 252 至要素 255 的循环与要素 143 至要素 146 的循环完全相同。

## 要素 256 　右式周旋（5/8）

同要素 147。

## 要素 257 　二度谛听（1/1）

接右式周旋，如图 3-39-1～3-39-3 所示。重心移至左足，右足以前足掌为轴，足跟外撇至适当位置；左手原位微调，右手回拉至右耳的右前方适当距离处，掌心朝向左前方；两眼视前偏下。

图 3-39-1　过渡式 166　　　图 3-39-2　过渡式 167　　　图 3-39-3　二度谛听

## 要素 258 　临崖观瀑（1/1）

接二度谛听，如图 3-39-4～3-39-5 所示。重心移至右足；身体转向正左方（要素 1 静穆来袭的正左方）并持住劲；左足前足掌着地，足跟微微提起，回拉至左足跟与右足内踝骨似挨非挨；同时，右手掌心向下沿胸前顺遂落下，两手心向下轻轻上下相叠于小腹前；两眼视前偏下。

图 3-39-4　过渡式 168　　　图 3-39-5　临崖观瀑

## 要素 259　三体万物（1/1）

接临崖观瀑，如图 3-39-6～3-39-9 所示。重心仍在右足，左足跟微起，前掌虚平着地，伸向正前方（要素 1 静穆来袭之左方），距离以不牵动右足处身体重心为限；同时，左掌向前上方推去，左手食指高不过口鼻，右手在原处略做调整，在小腹肚脐下少许处轻轻贴住；定势时，两手虎口微微撑圆，两手臂似直非直、似曲非曲；两眼视前。

图 3-39-6　过渡式 169　　　图 3-39-7　过渡式 170

图 3-39-8　过渡式 171　　图 3-39-9　三体万物

## 要素 260　闲庭散步（1/2）

接三体万物，如图 3-39-10~3-39-13 所示。双手下落至身体两侧，自然垂立；在两足均不离地的前提下，重心移向左足，待身形不易前移时，重心再移向右足，待身形又不易移动时再行重心变换，可重复上述动作若干次，待进行下一要素动作时，重心移向左足即可；两眼视前。

图 3-39-10　过渡式 172　　图 3-39-11　过渡式 173

图 3-39-12  闲庭散步（1）  图 3-39-13  闲庭散步（2）

## 要素 261  登高望远（1/2）

接闲庭散步，如图 3-39-14~3-39-15 所示。重心移至左足。右手从右胯处，在手臂呈似曲非曲、似直非直的状态下，往前、往上划一弧线，划至指梢与右耳约略相齐，指梢朝上。右手划弧线时，身体往上起；右腿同时往上抬起，足尖上仰，右足离地即可；左手同时划下弧线，往下落至左胯处，指梢朝下。两眼视前。

图 3-39-14  过渡式 174  图 3-39-15  登高望远

## 要素 262　闲庭散步（2/2）

接登高望远，如图 3-39-16～3-39-18 所示。右足朝前向下落去，迈出距离以不牵动左足处身体重心为限。后续要点同要素 260。

图 3-39-16　过渡式 175　　图 3-39-17　闲庭散步（1）　　图 3-39-18　闲庭散步（2）

## 要素 263　登高望远（2/2）

接闲庭散步，如图 3-39-19～3-39-20 所示。重心移至右足；右手同时往下落，如往下划弧线，落至右胯处，指梢朝下。左肩松沉，左手往上划一弧线至指梢与左耳相齐，指梢朝上；左腿同时往上抬起，足尖

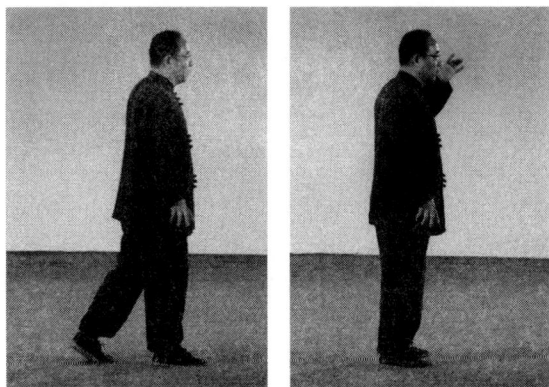

图 3-39-19 过渡式 176　　图 3-39-20　登高望远

上仰，左足离地即可；两眼视前。

运行过程中，腰往下塌劲，头项稳住，心中虚空，用意往上顶劲，两肩用意往下缩劲。要素各动作之间微微停顿。

### 要素 264　本相庄严（6/11）

接登高望远，如图 3-39-21~3-39-23 所示。左足向左侧迈去，两足距离约与肩等宽，重心移至两足中间；两手掌心向里偏上，均调至小腹前下方适当距离处，如同捧抱一大球；身体转正（要素 1 静穆来袭左方）；两眼视前偏下。

图 3-39-21 过渡式 177　　　图 3-39-22 过渡式 178　　　图 3-39-23　本相庄严

### 要素 265　拨草寻蛇（左式）（11 左 /17）

同要素 35。

### 要素 266　清风过耳（左式）（11 左 /17）

同要素 36。

### 要素 267　特立独行（左式）（11 左 /17）

同要素 37。

要素 265~267 与要素 35~37 完全相同。

## 要素 268　本相庄严（右式）（7右/11）

同要素 83。

## 要素 269　拨草寻蛇（右式）（12右/17）

同要素 56。

## 要素 270　清风过耳（右式）（12右/17）

同要素 57。

## 要素 271　特立独行（右式）（12右/17）

同要素 58。

要素 269~271 与要素 56~58 完全相同。

## 要素 272　本相庄严（左式）（8左/11）

同要素 87。

## 要素 273　拨草寻蛇（左式）（13左/17）

同要素 35。

## 要素 274　清风过耳（左式）（13左/17）

同要素 36。

## 要素 275　特立独行（左式）（13左/17）

同要素 37。

要素 273~275 与要素 35~37 完全相同。

**要素 276　本相庄严（右式）（9 右 /11）**

同要素 83。

**要素 277　拨草寻蛇（右式）（14 右 /17）**

同要素 56。

**要素 278　清风过耳（右式）（14 右 /17）**

同要素 57。

**要素 279　特立独行（右式）（14 右 /17）**

同要素 58。

要素 277~279 与要素 56~58 完全相同。

**要素 280　本相庄严（左式）（10 左 /11）**

同要素 87。

**要素 281　拨草寻蛇（左式）（15 左 /17）**

同要素 35。

**要素 282　清风过耳（左式）（15 左 /17）**

同要素 36。

**要素 283　特立独行（左式）（15 左 /17）**

同要素 37。

要素 281~283 与要素 35~37 完全相同。

**要素 284　本相庄严（右式）（11 右 /11）**

同要素 83。

**要素 285　拨草寻蛇（右式）（16 右 /17）**

同要素 56。

**要素 286　清风过耳（右式）（16 右 /17）**

同要素 57。

**要素 287　特立独行（右式）（16 右 /17）**

同要素 58。

要素 285~287 与要素 56~58 完全相同。

**要素 288　瞻前顾后（右式）（6 右 /7）**

同要素 103。

**要素 289　繁华落幕（右式）（7 右 /8）**

同要素 104。

通过比较第十六节自在楼和第三十九节遐思阁发现，要素 80~104 与要素 265~289 完全相同。

# 遐思阁要素推演连续图谱（部分）

图 3-39-1　过渡式 166　　　图 3-39-2　过渡式 167　　　图 3-39-3　二度谛听

图 3-39-4　过渡式 168　　　图 3-39-5　临崖观瀑　　　图 3-39-6　过渡式 169

图 3-39-7　过渡式 170　　　图 3-39-8　过渡式 171　　　图 3-39-9　三体万物

图 3-39-10　过渡式 172　　　图 3-39-11　过渡式 173　　　图 3-39-12　闲庭散步（1）

图 3-39-13　闲庭散步（2）　　图 3-39-14　过渡式 174　　　图 3-39-15　登高望远

图 3-39-16　过渡式 175　　　图 3-39-17　闲庭散步（1）　　图 3-39-18　闲庭散步（2）

图 3-39-19 过渡式 176　　图 3-39-20　登高望远　　图 3-39-21 过渡式 177

图 3-39-22 过渡式 178　　图 3-39-23　本相庄严

# 第四十节　贞德馆（3/3）

**要素 290　顾之在后（3/3）**

同要素 105。

**要素 291　瞻之在前（3/3）**

同要素 25。

### 要素 292　一苇渡江（3/3）

同要素 26。

### 要素 293　逡巡及岸（3/3）

同要素 27。

### 要素 294　观镜正衣（3/3）

同要素 28。

### 要素 295　僧敲月下（3/3）

同要素 29。

# 第四十一节　开合殿（正面）（11 正 /13）

### 要素 296　开门观远（11/13）

同要素 30。

### 要素 297　掩门待贤（11/13）

同要素 31。

# 第四十二节　诸葛庐（左式）（5左/5）

**要素 298　踌躇思绪（左式）（5左/5）**

同要素 32。

**要素 299　七上八下（左式）（7左/8）**

同要素 33。

**要素 300　持平在心（左式）（7左/8）**

同要素 34。。

**要素 301　拨草寻蛇（左式）（17左/17）**

同要素 35。

**要素 302　清风过耳（左式）（17左/17）**

同要素 36。

**要素 303　特立独行（左式）（17左/17）**

同要素 37。

**要素 304　瞻前顾后（左式）（7左/7）**

同要素 38。

**要素 305　繁华落幕（左式）（8左/8）**

同要素 39。

# 第四十三节　博思楼（2/2）

本节与第二十节完全相同，仅列示各个要素名称，余略。

要素 306　旁敲侧击（2/2）

要素 307　趋炎附势（2/2）

要素 308　七上八下（8/8）

要素 309　持平在心（8/8）

要素 310　顶天立地（2/2）

要素 311　俯首甘为（2/2）

要素 312　扬鞭指远（左式）（4 左 /5）

要素 313　乾坤挪移（2/2）

要素 314　扬鞭指远（右式）（5 右 /5）

要素 315　迎头相对（2/2）

要素 316　一退再退（2/2）

要素 317　上下齐（同）进（2/2）

要素 318　毅然决然（2/2）

# 第四十四节　临观阁（7/8）

与第二十一节临观阁完全相同。

### 要素319　临海观潮（7/8）

同要素134。

### 要素320　太公探海（7/8）

同要素14、135。

### 要素321　踽踽独行（7/8）

同要素15、136。

# 第四十五节　开合殿（左式）（12左/13）

### 要素322　谛听良久（左式）（9左/10）

同要素16。

### 要素323　西伯思贤（左式）（9左/10）

同要素17。

### 要素324　开门观远（12/13）

同要素 18。

**要素 325　掩门待贤（12/13）**

同要素 19。

# 第四十六节　演武厅（7/8）

**要素 326　携鞭初探（7/8）**

同要素 20。

**要素 327　定形开鞭（7/8）**

同要素 21。

# 第四十七节　高义庐（1/1）

**要素 328　右式周旋（6/8）**

同要素 143。

**要素 329　周旋转关（8/12）**

同要素 144。

## 要素 330　左式周旋（5/7）

同要素 145。

## 要素 331　周旋转关（9/12）

同要素 146。

## 要素 332　右式周旋（7/8）

同要素 147。

## 要素 333　周旋转关（10/12）

同要素 148。

## 要素 334　左式周旋（6/7）

同要素 149。

## 要素 335　周旋转关（11/12）

同要素 150。

## 要素 336　右式周旋（8/8）

同要素 151。

## 要素 337　周旋转关（12/12）

同要素 152。

## 要素 338　左式周旋（7/7）

同要素 153。

太极拳心解
三十年道功修习体悟

**要素 339　前后周旋（2/2）**

同要素 154。

**要素 340　全身而退（2/2）**

同要素 155。

通过比较第四十七节高义庐与第二十四节紫云庭发现，要素 328~340 与要素 143~155 的变化完全相同。

**要素 341　前后照应（1/1）**

接全身而退，如图 3-47-1~3-47-3 所示。重心不变，右足前伸，与左足呈错综"八"字形，前伸距离以不牵动左足处身体重心为限；同时，两手回拉，上下分开，右手在上，左手在下，如同抱一大球在身前，两手心斜相对；两眼视前下。

然后，重心移向右足，左足不离地；两手上下易位，右手在下，左手在上，两手心仍然斜相对，如同抱一大球在身前；两眼视前下。

图 3-47-1　过渡式 179　　图 3-47-2　前后照应（1）　　图 3-47-3　前后照应（2）

## 要素 342　牛刀小试（1/1）

接前后照应，如图 3-47-4~3-47-6 所示。重心仍在右足；身体右转，左足迈至右足左侧；与右足约略呈"八"字形；同时两手呈交叉相合状态于心口前（两手不挨）；两眼视前下。

图 3-47-4　过渡式 180　　图 3-47-5　过渡式 181　　图 3-47-6　牛刀小试

## 要素 343　杀机暗藏（1/1）

接牛刀小试，如图 3-47-7~3-47-8 所示。重心移至左足，右足迅即抬起，离地即可；两手分开，左手按向前下，右手抬向右前；两眼视前下。

图 3-47-7　过渡式 182　　图 3-47-8　杀机暗藏

式
太极拳心解
三十年道功修习体悟

## 要素344　十足亮相（1/1）

接杀机暗藏，如图 3-47-9~3-47-10 所示。左足微调，身体转正（要素 1 静穆来袭之右方），重心不变；两手如同要素定形开鞭一样，分开于胸前，手肩约略等高；右足配合两手再上抬少许；两眼视前。

图 3-47-9　过渡式 183　　　图 3-47-10　十足亮相

## 要素345　惊鸿照影（1/1）

接十足亮相，如图 3-47-11~3-47-13 所示。迈步前行，偶数步后，重心移至左足，右足跟至与左足平齐；同时，两手相合下落至小腹侧；两眼视前。

图 3-47-11　过渡式 184　　　图 3-47-12　过渡式 185　　　图 3-47-13　惊鸿照影

## 要素 346　鹰击弱水（1/1）

接惊鸿照影，如图 3-47-14~3-47-15 所示。右足尽量向前迈步，距离以不牵动左足处身体重心为限，落地后，重心迅即移至右足；两眼望着前边低处，如同看一物。随即两手往前伸，往一处并去，左手扣在右手腕上，右手成拳，右拳有指着两眼所看之物之意；左足在两手合并过程中，同时往前略跟步；两眼视前下。

运行过程中，身体呈三折形式，小腹如同放在大腿根上，两腿弯曲，腰塌住劲，身子有往前扑的趋势；左手仍扣着右手腕，右拳极力往前伸去，如同指物一般。

图 3-47-14　过渡式 186　　图 3-47-15　鹰击弱水

## 要素 347　捧书思亲（1/1）

接鹰击弱水，如图 3-47-16~3-47-17 所示。身体上展直立，重心移至左足，右足往后略做调整。右拳变掌，掌心向上；左手手心向下，搭于右手腕部；两手上抬与肩平。两眼视前。

## 要素 348　心系桑梓（1/1）

接捧书思亲，如图 3-47-18~3-47-19 所示。重心移至右足，左足

图 3-47-16　过渡式 187　　图 3-47-17　捧书思亲

图 3-47-18　过渡式 188　　图 3-47-19　心系桑梓

极力往后撤，以不牵动右足处身体重心为限；同时，两手前伸，身体其他各部原位略做调整；两眼视前偏下。

### 要素 349　叶落归根（1/1）

接心系桑梓，如图 3-47-20~3-47-21 所示。重心移向左足；两手同时往回拉至右足尖微欠起时，稍停；两眼视前。

图 3-47-20 过渡式 189　　图 3-47-21 叶落归根

## 高义庐要素推演连续图谱（部分）

图 3-47-1 过渡式 179　　图 3-47-2 前后照应（1）　　图 3-47-3 前后照应（2）

图 3-47-4 过渡式 180　　图 3-47-5 过渡式 181　　图 3-47-6 牛刀小试

图 3-47-7 过渡式 182

图 3-47-8 杀机暗藏

图 3-47-9 过渡式 183

图 3-47-10 十足亮相

图 3-47-11 过渡式 184

图 3-47-12 过渡式 185

图 3-47-13 惊鸿照影

图 3-47-14 过渡式 186

图 3-47-15 鹰击弱水

图 3-47-16　过渡式 187　　图 3-47-17　捧书思亲　　图 3-47-18　过渡式 188

图 3-47-19　心系桑梓　　图 3-47-20　过渡式 189　　图 3-47-21　叶落归根

# 第四十八节　临观阁（8/8）

### 要素 350　临海观潮（8/8）

接上节要素 349 叶落归根，如图 3-48-1～3-48-2 所示。重心渐移至左足，调整身形面向右方（要素 1 静穆来袭之右方）；右足收回，前掌着地，足跟离地虚起，收至左足内踝骨前少许，似挨非挨；两手塌腕回拉，收至右肩前，似挨非挨，右手心朝向左前方，左手心朝向右前方，

图 3-48-1　过渡式 190　　　图 3-48-2　临海观潮

左手食指与右手大鱼际约略相齐；两眼视前。

### 要素 351　太公探海（8/8）

同要素 14。

### 要素 352　蹀蹀独行（8/8）

同要素 15。

# 第四十九节　开合殿（左式）（13 左 /13）

### 要素 353　谛听良久（左式）（10 左 /10）

同要素 16。

### 要素 354　西伯思贤（左式）（10 左 /10）

同要素 17。

**要素 355　开门观远（13/13）**

同要素 18。

**要素 356　掩门待贤（13/13）**

同要素 19。


# 第五十节　演武厅（8/8）


**要素 357　携鞭初探（8/8）**

同要素 20。

**要素 358　定形开鞭（8/8）**

同要素 21。


# 第五十一节　军机处（1/1）


**要素 359　和盘托出（1/1）**

接上节要素 358 定形开鞭，如图 3-51-1~3-51-2 所示。重心移向左足；身体略左转，右足跟外撇，与左足呈半"八"字形；同时，两手

图 3-51-1　过渡式 191　　　图 3-51-2　和盘托出

均内旋至两手心向上，如托一圆球；两眼视前下。

### 要素 360　策马疾行（1/1）

接和盘托出，如图 3-51-3～3-51-4 所示。重心移至右足。全身跃起，左足微微离地再落下；同时，两手外翻至手心向下，停住。两眼视前下。

图 3-51-3　过渡式 192　　　图 3-51-4　策马疾行

**要素361　按辔徐行（1/1）**

接策马疾行，如图 3-51-5~3-51-6 所示。重心仍在右足；身体左转至要素1静穆来袭的正左方，左足也随即在原位左右调正，足跟着地。同时右手腕继续往外撑住劲，往右胯处来，手心朝下；左手同时略往下落，手心朝前下，手臂仍直着往前伸至与心口齐平，与右手呈相分态势。身体略下蹲；腰要塌住劲；两足相离远近以不牵动右足处身体重心为限；两腿均要弯曲；两眼朝左手看去。

运行过程中，腹内松开，手、足、肩、胯均不要着力。

图 3-51-5　过渡式193　　　图 3-51-6　按辔徐行

**要素362　城下之盟（1/1）**

接按辔徐行，如图 3-51-7~3-51-8 所示。重心移至左足，右足跟至左足右后适当位置；两手变竖掌，腕部相交于胸前，左手在上，右手在下；两眼视前。

**要素363　陈仓暗度（1/1）**

接城下之盟，如图 3-51-9 所示。重心不变，右足尽量后伸，距离以不牵动左足处身体重心为限；双手前伸配合右足后伸；两眼视前。

图 3-51-7　过渡式 194　　　图 3-51-8　城下之盟　　　图 3-51-9　陈仓暗度

## 要素364　罗汉伏虎（1/1）

接陈仓暗度，如图 3-51-10~3-51-13 所示。重心移至右足，左足随即撤回至右足前；两手同时下落至胯侧，随即再上抬后下按于腹前；两眼视前。

图 3-51-10　过渡式 195　　　图 3-51-11　过渡式 196

图 3-51-12　过渡式 197　　图 3-51-13　罗汉伏虎

### 要素 365　驭虎而行（1/1）

接罗汉伏虎，如图 3-51-14~3-51-15 所示。重心不变，两手如同按一正在膨胀的大气球，左足渐起离地适当高度；两眼视前下。

图 3-51-14　过渡式 198　　图 3-51-15　驭虎而行

## 军机处要素推演连续图谱

图 3-51-1　过渡式 191

图 3-51-2　和盘托出

图 3-51-3　过渡式 192

图 3-51-4　策马疾行

图 3-51-5　过渡式 193

图 3-51-6　按辔徐行

图 3-51-7　过渡式 194

图 3-51-8　城下之盟

图 3-51-9　陈仓暗度

图 3-51-10　过渡式 195　　图 3-51-11　过渡式 196　　图 3-51-12　过渡式 197

图 3-51-13　罗汉伏虎　　图 3-51-14　过渡式 198　　图 3-51-15　驭虎而行

# 第五十二节　龙虎堂（1/1）

**要素 366　百步九折（2/2）**

文同要素 182，如图 3-52-1～3-52-6 所示。

图 3-52-1　百步九折（1）　　图 3-52-2　过渡式 199　　图 3-52-3　过渡式 200

图 3-52-4　百步九折（2）　　图 3-52-5　过渡式 201　　图 3-52-6　百步九折（3）

## 要素 367　虎入深山（1/1）

接百步九折，如图 3-52-7~3-52-8 所示。左足朝左前（要素 1 静穆来袭之右后）尽量伸出，距离以不牵动右足处身体重心为限，随即重心移向左足。两手同时推向左前方，左手在上，约与口鼻等高，手心朝左前下；右手在下，在上腹前，手心朝左前下；两眼视左前。

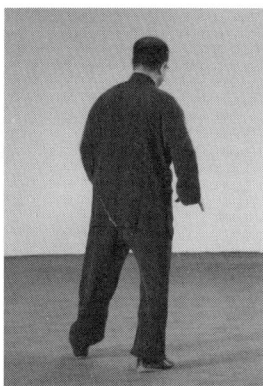

图 3-52-7　过渡式 202　　图 3-52-8　虎入深山

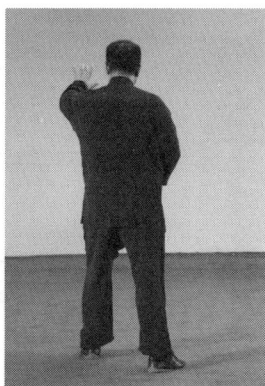

### 要素 368　顺手牵羊（1/1）

接虎入深山，如图 3-52-9~3-52-10 所示。重心仍在左足；右手在右腹前如同虚按一物，右足渐起离地，直至大腿与地面相平；两眼视右前下。

图 3-52-9　过渡式 203　　图 3-52-10　顺手牵羊

### 要素 369　望虎下山（1/1）

接顺手牵羊，如图 3-52-11 所示。身体略下沉，顺势右足向身体右侧（要素 1 静穆来袭之左前方向）尽量伸出，距离以不牵动左足处身体重心为限；两眼视前下。

### 要素 370  弯弓待射（1/1）

接望虎下山，如图 3-52-12~3-52-13 所示。重心移至右足，左足顺势跟至与右足平齐；同时两手成拳，拳心朝下，虚按于两胯前上，略分开些；两眼视前下偏左。

图 3-52-11  望虎下山　　图 3-52-12  过渡式 204　　图 3-52-13  弯弓待射

### 要素 371  潜龙勿用（1/1）

接弯弓待射，如图 3-52-14~3-52-15 所示。重心仍在右足；身体

图 3-52-14  过渡式 205　　图 3-52-15  潜龙勿用

微松沉（约朝向要素1静穆来袭之左后方向）；两拳轻轻内旋，同时用意拉至心口前，拳心朝上；两眼视前。

### 要素 372　见龙在田（1/1）

接潜龙勿用，如图 3-52-16~3-52-17 所示。身体持住劲；重心仍在右足，左足尽量往前（要素1静穆来袭之左后方向）迈去，以不牵动右足处身体重心为限；两眼视前。

图 3-52-16　过渡式 206　　图 3-52-17　见龙在田

### 要素 373　飞龙在天（1/1）

接见龙在田，如图 3-52-18~3-52-19 所示。重心移至左足。随后

图 3-52-18　过渡式 207　　图 3-52-19　飞龙在天

吴式
太极拳心解
三十年道功修习体悟

两拳往前上方（即要素 1 静穆来袭之左后方向）撞去；右足在两拳往前撞时，跟步至左足右后方适当距离处，足前掌着地；两眼朝着两拳当中方向看去。

### 要素 374　左出右伏（1/1）

接飞龙在天，如图 3-52-20～3-52-21 所示。重心移至右足，身体右转（意欲转至要素 1 静穆来袭之正前方向）；同时，左足以足跟为轴，尽量里扣；左手腕往里裹，裹至拳心朝上偏后方向，左拳与脖项约略相平；右拳拉至左肘右下方，右肘靠着胁；两眼视前下。

图 3-52-20　过渡式 208　　图 3-52-21　左出右伏

### 要素 375　齐头并进（1/1）

接左出右伏，如图 3-52-22～3-52-24 所示。重心移至左足，右足往后（要素 1 静穆来袭之正后方向）撤，距离以不牵动左足处身体重心为限；左拳在原位略做调整，右拳同时往里裹着，从左手腕下穿出朝前（即要素 1 静穆来袭之正前方向）上伸去，两拳相叠，拳心朝上偏后，左拳在里边，右拳在外边，两手腕似挨非挨；两眼视前偏下。

图 3-52-22 过渡式 209　　图 3-52-23 过渡式 210　　图 3-52-24 齐头并进

## 要素 376　双龙入海（1/1）

接齐头并进，如图 3-52-25～3-52-26 所示。重心移向右足；左拳从右手腕下边向外挽去，挽至右手腕外，两手外腕相挨。两手外腕与腰塌劲，同时一齐往外扭，扭至两手腕如十字交叉形式，高度约略在胸前和心口之间；左足在两手腕往外扭时，同时略往前迈步调整，足后跟着地；腰往下塌住劲，两腿自然弯曲；两眼视前偏下。头要虚灵顶劲，舌顶上腭，谷道上提，意注丹田，意念上将元气收敛入气海。

图 3-52-25 过渡式 211　　图 3-52-26 双龙入海

## 要素 377　本具淡然（1/1）

接双龙入海，如图 3-52-27~3-52-28 所示。两手同时往身体两侧划下弧线；左手至左胯处，右手至右胯处，两手心分别轻轻挨住两胯。左足在两手往下落的同时撤至右足内侧，两足跟用意略略相并，重心在两足中间；身体在左足往回撤的同时往上慢慢起直；两眼视前。

最终，渐至身体各部俱不着力，神意俱杳，无思无虑，空空洞洞，归于自然。

图 3-52-27　过渡式 212　　图 3-52-28　本具淡然

### 龙虎堂要素推演连续图谱

图 3-52-1　百步九折（1）　图 3-52-2　过渡式 199　图 3-52-3　过渡式 200

图 3-52-4　百步九折（2）　　图 3-52-5　过渡式 201　　图 3-52-6　百步九折（3）

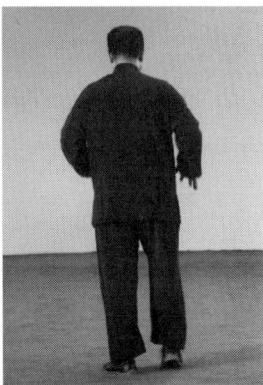

图 3-52-7　过渡式 202　　　图 3-52-8　虎入深山　　　图 3-52-9　过渡式 203

图 3-52-10　顺手牵羊　　　图 3-52-11　望虎下山　　　图 3-52-12　过渡式 204

图 3-52-13 弯弓待射　　图 3-52-14 过渡式 205　　图 3-52-15 潜龙勿用

图 3-52-16 过渡式 206　　图 3-52-17 见龙在田　　图 3-52-18 过渡式 207

图 3-52-19 飞龙在天　　图 3-52-20 过渡式 208　　图 3-52-21 左出右伏

图 3-52-22　过渡式 209　　图 3-52-23　过渡式 210　　图 3-52-24　齐头并进

图 3-52-25　过渡式 211　　图 3-52-26　双龙入海

图 3-52-27　过渡式 212　　图 3-52-28　本具淡然

第四章

太极文化精要

# 第一节　太极功法要点

开合。

内外。

折叠。

缠丝。

抽丝。

牵丝。

附于其上，托于其内。

# 第二节　气质说

人具气质。气者，豪杰、俊杰、贤才及专才秉之。质者，佛性、仙性、人性及魔性主之。交错相合，人才纷呈。

非豪杰不足以命世，非俊杰不足以辅世，非贤才不足以济世，非专才不足以补世。

佛性者，深具慈悲，妙觉圆通，泽及当世，感念后来。仙性者，善念常存，雅量高志，行止动世，典范一时。人性者，四季分明，常怀敬畏，应时而作，随遇而安。魔性者，善恶混淆，因情而起，心性动荡，悲喜至极。

# 第三节　医说

　　望、闻、问、切、触，前四法，源于《灵枢》《素问》及蒙藏医旧学。医之要，其基为触，意法关注焉。有论如下：

　　体学分整、散、动、静；以散、静处病，体意断续，难察全情。宜以整、动处之，施之以切、提、裹、坠，方能择其要情，理顺来去之证候。由情而医，则罔不如意矣。

# 第四节　兵说

　　兵者，势也，实也，事也。运用之妙，存乎一心。其要在正、奇。正以构基，奇佐外用。方圆互济，交通醒达。

　　散以存之，聚以用之。示之平常，用则惑众。就平趋急，变化之祖。

# 第五节　师说

　　子天丑地，寅时有人。情关天地，发乎众心。干支咸备，圣人曰善。分明条理，达通时变，社会推举，师道生焉。

# 第六节　将论

凡人五交，以智者为师，以信者为友，以仁者为朋，以勇者为下，以严者为属。友起五缘，有将者之风。其为敌也，疑窦丛起，众象纷纭，莫知所之。

# 第七节　局说

古今设局，始终踪之。源去分明，条达通远。阴阳俱生，险易皆备。至于高、下、远、近、广、狭，乃至才具时制，宜无一不有，方可为局。

察意成流，时势也。为之可与一统。高山二石，不足介意。生在咫尺，旦夕萦怀。局势不可谓不大也。

# 第八节　万象法结

### 引子

大道从迷处，慈航自先河。

度世念痴人，明月青山侧。

### 结意

心猿意马念彼身，拖泥带水过行人。

百虑难抛无是处，恍兮惚兮存天真。

**理神**

神乾精坤本一门，出神入化道中人。

神意相合不尽美，一以贯之方为真。

# 第九节　世说新语

丛林世界，人类所认知的残忍是一个普遍的现象。

江湖世界，人们通常认可义气。

人类社会，规则常常获得尊重。

社会组织，往往讲究信条或信仰。

社会的人，无论善、恶、美、丑，都向往或追求内心世界的宁静。

第五章

太极文化宗师语录

# 第一节　王宗岳先生语录 *

## 《太极拳论》

太极者，无极而生，动静之机，阴阳之母也。动之则分，静之则合。无过不及，随曲就伸。人刚我柔谓之"走"，我顺人背谓之"粘"。动急则急应，动缓则缓随。虽变化万端，而理为一贯。由着熟而渐悟懂劲，由懂劲而阶及神明。然非用力之久，不能豁然贯通焉。

虚领顶劲，气沉丹田，不偏不倚，忽隐忽现。左重则左虚，右重则右杳。仰之则弥高，俯之则弥深。进之则愈长，退之则愈促。一羽不能加，蝇虫不能落。人不知我，我独知人。英雄所向无敌，盖皆由此而及也。

斯技旁门甚多，虽势有区别，概不外壮欺弱、慢让快耳！有力打无力，手慢让手快，是皆先天自然之能，非关学力而有为也！察"四两拨千斤"之句，显非力胜；观耄耋能御众之形，快何能为？！立如平准，活似车轮。偏沉则随，双重则滞。每见数年纯功，不能运化者，率皆自为人制，双重之病未悟耳！

欲避此病，须知阴阳：粘即是走，走即是粘；阴不离阳，阳不离阴；阴阳相济，方为懂劲。懂劲后愈练愈精，默识揣摩，渐至从心所欲。

本是"舍己从人"，多误"舍近求远"。所谓"差之毫厘，谬之千里"，学者不可不详辨焉！是为论。

＊ 本节内容摘自（清）王宗岳等著《太极拳谱》，人民体育出版社 2013 年版。

# 第二节　孙禄堂先生语录<sup>*</sup>

## 一、无极学

无极者，当人未练拳术之初，心无所思，意无所动，目无所视，手足无舞蹈，身体无动作，阴阳未判，清浊未分，混混噩噩，一气浑然者也。夫人生于天地之间，秉阴阳之性，本有浑然之元气，但为物欲所蔽，于是拙气拙力生焉，加以内不知修，外不知养，以致阴阳不合，内外不一，阳尽生阴，阴极必敝，亦是人之无可如何者。惟至人，有逆运之道，转乾坤，扭气机，能以后天返先天，化其拙气拙力，引火归原，气贯丹田。于是有拳术十三势之作用，研求一气伸缩之道，所谓无极而能生太极者是也（原注：一气者即太极也）。十三势者，掤捋挤按，采挒肘靠，进退顾盼定也。掤捋挤按（原注：即坎、离、震、兑），四正方也，采挒肘靠（原注：即乾、坤、艮、巽），四斜角也，亦即八卦之理也。进步、退步、左顾、右盼、中定也（原注：即金、木、水、火、土也），此五行也。合上述之四正四斜为十三势，此太极拳十三势之所由名也。其中分为体、用，以太极架子，进退顾盼定言，谓之体。以掤捋挤按，采挒肘靠言，谓之用。又或以五行谓之经，八卦谓之纬。总而言之，曰内外体用一气而已。以练架子，为知己功夫，以二人推手，为知人功夫。练架子时，内中精气神，贵能全体圆满无亏。操练手法时，手足动作，要在周身灵活不滞。先达云：终朝每日常缠手，功久可以知彼知己，能制人，而不为人所制矣。

## 二、论太极

太极者，在于无极之中，先求一至中和，至虚灵之极点，其气之隐

---

* 本节内容摘自孙禄堂于1924年出版的《太极拳学》《拳意述真》。

于内也，则为德，其气之现于外也，则为道。内外一气之流行，可以位天地，孕阴阳。故拳术之内劲，实为人身之基础。在天曰命，在人曰性，在物曰理，在技曰内家拳术。名称虽殊，其理则一，故名之曰太极。

古人云：无极而太极。不独拳术为然，推而及于圣贤之所谓执中，佛家之所谓圆觉，道家之所谓谷神，名词虽殊，要皆此气之流行已耳。故内家拳术，实与道家相表里，岂仅健身体、延年寿而已哉！

## 三、太极拳之名称

人自赋性含生以后，本藏有养生之元气，不仰不俯，不偏不倚，和而不流，至善至极，是为真阳。所谓中和之气是也。其气平时洋溢于四体之中，浸润于百骸之内，无处不有，无时不然，内外一气，流行不息。于是拳之开合动静，即跟此气而生；放伸收缩之妙，即由此气而出。开者为伸、为动；合者为收、为缩、为静；开者为阳，合者为阴；放伸动者，为阳，收缩静者，为阴。开合像一气运阴阳，即太极一气也。

太极即一气，一气即太极。以体言，则为太极；以用言，则为一气。时阳则阳，时阴则阴，时上则上，时下则下。阳而阴，阴而阳。一气活活泼泼，有无不立，开合自然，皆在当中一点子运用，即太极是也。古人不能明示于人者，即此也。不能笔之于书者，亦即此也。学者能于开合动静相交处，悟澈本原，则可以在各式圆研相合之中，得其妙用矣。圆者，有形之虚圈〇是也；研者无形之实圈●是也。斯二者，太极拳虚实之理也。其式之内，空而不空，不空而空矣。此气周流无碍，圆活无方，不凹不凸，放之则弥六合，卷之则退藏于密，其变无穷，用之不竭，皆实学也。此太极拳之所以名也。

## 四、《太极拳学》序

乾坤肇造，元气流行，动静分合，遂生万物。是为后天而有象。先天元气，赋于后天形质，后天形质，包含先天元气，故人为先后天合一之形体也。人自有知识情欲，阴阳参差，先天元气渐消，后天之气渐长，阳衰阴盛。又为六气所侵（六气者，即风、寒、暑、湿、燥、火也），七情所感，故身躯日弱，而百病迭生。古人忧之，于是尝药以祛其病，静坐以养其心。而又惧动静之不能互为用也，更发明拳术，以求复其虚灵之气。迨达摩东来讲道豫之少林寺，恐修道之人，久坐伤神，形容憔悴。故以顺逆、阴阳之理，弥纶先天之元气，作易筋、洗髓二经，教人习之，以壮其体。至宋岳武穆王，益发明二经之体义，制成形意拳，而适其用，八卦拳之理，亦含其中，此内家拳术之发源也。

元顺帝时，张三丰先生，修道于武当，见修丹之士，兼练拳术者，后天之力，用之过当，不能得其中和之气，以致伤丹，而损元气。故遵前二经之义，用周子《太极图》之形，取河洛之理，先后易之数，顺其理之自然，作太极拳术，阐明养身之妙。此拳在假后天之形，不用后天之力，一动一静，纯任自然，不尚血气，意在练气化神耳。其中本一理、二气、三才、四象、五行、六合、七星、八卦、九宫等奥义。始于一，终于九，九又还于一之数也。一理者，即太极拳术起点腹内中和之气，太极是也；二气者，身体一动一静之式，两仪是也；三才者，头、手、足，即上、中、下也；四象者，即前进、后退、左顾、右盼也；五行者，即进、退、顾、盼、定也；六合者，即精合其神，神合其气，气合其精，是内三合也；肩与胯合，肘与膝合，手与足合，是外三合也。内外如一，是成为六合；七星者，头、手、肩、肘、胯、膝、足，共七拳，是七星也；八卦者，掤、捋、挤、按、采、挒、肘、靠，即八卦也；九宫者，以八手加中定，是九宫也。先生以河图、洛书为之经，以八卦、九宫为之纬；又以五行为之体，以七星八卦为之用，创此太极拳术。其精微奥妙，山右王宗岳先生，论之详矣。

自是而后，源远派分，各随己意而变其形式。至前清道咸年间，有广平，武禹襄先生，闻豫省怀庆府赵堡镇，有陈清平先生者，精于是技，不惮远道，亲往访焉。遂从学数月，而得其条理。后传亦畬先生，亦畬先生，又作五字诀，传郝为真先生。先生以数十年之研究，深得其拳之奥妙，余受教于为真先生，朝夕习练，数年之久。略明拳中大概之理，又深思体验，将夙昔所练之形意拳、八卦拳与太极拳，三家会合而为一体，一体又分为三派之形式，三派之姿式虽不同，其理则一也。惟前人只凭口授，无有专书，偶著论说，亦无实练入手之法。余自维浅陋，不揣冒昧，将形意拳、八卦拳、太极拳，三派各编辑成书。书中各式之图，均有电照本像，又加以图解，庶有志于此者，可按图摹仿，实力作去，久之不难得拳中之妙用。书中皆述诸先生之实理，并无文法可观，其间有舛错不合者，尚祈海内明达，随时指示为感。

民国八年（1919 年）十月　直隶（河北）完县　孙福全谨序

## 五、《拳意述真》自序

夫道者，阴阳之根，万物之体也。其道未发，悬于太虚之内；其道已发，流行于万物之中。夫道一而已矣。在天曰命，在人曰性，在物曰理，在拳术曰内劲，所以内家拳术，有形意、八卦、太极三派，形式不同；其极还虚之道则一也。《易》曰：一阴一阳之谓道。若偏阴、偏阳皆谓之病。夫人之一生，饮食之不调，气血之不和，精神之不振，皆阴阳不和之故也。故古人，创内家拳术，使人潜心玩味，以思其理，身体力行，以合其道，则能复其本来之性体，然吾国拳术，门派颇多，形式不一，运用亦异，毕生不能穷其数，历世不能尽其法。余自幼年好习拳术，性与形意、八卦、太极三派之拳术相近，研究五十余年，得其概要。曾著形意、八卦、太极拳学，已刊行世。今又以昔年所闻先辈之言，述之于书，俾学者得知其真意焉。三派拳术，形式不同，其理则同；用法不一，其制人之中心，而取胜于人者则一也。按一派拳术之中，诸位先生之言论形式，亦有不同者，盖其运用，或有异耳。三派拳术之道，始于一理，中分为三派，末复合为一理。其一理者，三派亦各有所得也：形意拳之诚一也、八卦拳之万法归一也、太极拳之抱元守一也。古人云：

"天得一以清，地得一以宁，人得一以灵，得其一而万事毕也"。三派之理，皆是以虚无而始，以虚无而终，所以三派诸位先生所练拳术之道，能与儒释道三家诚中、虚中、空中之妙理，合而为一者也。余深恐诸位先生之苦心精诣，久而淹没，故述之以公同好，惟自愧学术谫（浅薄之意）陋、无文，或未能发挥诸位先生之妙旨，望诸同志，随时增补之，以发明其道可也。

民国十二年（1923 年）岁次癸亥　直隶完县　孙福全序

## 六、太极拳打手用法

上卷诸式[①]，以无极太极阴阳五行，操练将神气收敛于内，混融而为一，是太极之体也。此卷以八势含五行诸法，动作流行，使神气宣布于外，化而为八，是太极之用也。有体无用，弊在无变化，有用无体，弊在无根本。所以体用兼该，乃得万全。以练体言，是知己功夫。以二人打手言，是知人功夫。练体日久纯熟，能以遍体虚灵，圆活无碍，神气混融而为一体。到此时，后天之精自化，先天之气自然生矣。即使年力就衰，如能去其人欲，时时练习，不独可以延年益寿，直可与太虚同体。先贤云：固灵根而静心，谓之修道。养灵根而动心，谓之武艺，是此意也。以操手练用功纯，能以手足灵活，引进落空，四两拨千斤，神气散布而为十三式，至此时，血气之力自消，神妙之道自至矣。所以人之动静变化，诚伪虚实，机关未动，而我可预知，无论他人如何暗发心机，总不能逃我之妙用。妙用为何？即打手之诸法，掤捋挤按，采挒肘靠，八法也。总以掤捋挤按四手，为打手根基正手。故先以掤捋挤按四手，常常练习，须向不丢不顶中求玄妙，于不即不离内讨消息。习之纯熟，手中便有分寸。量彼劲之大小，分厘不错，权彼势之长短，毫发无差。前进后退，处处恰合。以后采挒肘靠四法，以及千万手法，皆由掤

---

[①]　指自无极学、太极学、懒扎衣学至双撞捶学、阴阳混一学、无极还原学的全套练习拳式。

挒挤按，四法中，变化而出。至于因熟生巧，相机善变，非笔墨所能尽，此不过略言大概耳。

## 七、练拳经验及三派之精意

余自幼练拳以来，闻诸先生之言，云拳即是道，余闻之怀疑。至练暗劲，刚柔合一，动作灵妙，一任心之自然，与同道人研究，彼此各有所会。惟练化劲之后，内中消息，与同道人言之，知者多不肯言，不知者茫然莫解，故笔之于书，以示同道。倘有经此景况者，可以互相研究，以归至善。余练化劲所经者，每日练一形之式，到停式时，立正，心中神气一定，每觉下部海底处（即阴桥穴处），如有物萌动初不甚着意。每日练之有动之时，亦有不动之时，日久亦有动之甚久之时，亦有不动之时，渐渐练于停式，心中一定，如欲泄漏者。想丹书坐功，有真阳发动之语，可以采取。彼是静中动，练静坐者，知者亦颇多，乃彼是静中求动也。此是拳术动中求静，不知能消化否，又想拳经亦有"处处行持不可移"之言，每日功夫总不间断。以后练至一停式，周身就有发空之景象，真阳亦发动，而欲泄。此情形似柳华阳先生所云：复觉真元之意思也。自觉身子一毫亦不敢动，动即要泄矣。心想仍用拳术之法以化之。内中之意，虚灵下沉注于丹田，下边用虚灵之意，提住谷道，内外之意思，仍如练拳趟子一般。意注于丹田片时，阳即收缩，萌动者上移于丹田矣。此时周身融和，绵绵不断。当时尚不知采取转法轮之理，而丹田内，如同两物相争之状况，四五小时，方渐渐安静，心想不动之理，是余练拳术之时，呼吸二息，仍在丹田之中，至于不练之时，虽言谈呼吸，并不妨碍内中之真息，并非有意存照，是无时不然也。庄子云："有人真呼吸以踵"，大约即此意也。因有不息而息之火，将此动物消化，畅达于周身也。以后又如前动作，仍提在丹田，仍是练拳趟子，内外总是一气，缓缓悠悠练之，不敢有一毫之不平稳处，动作练时内中四肢融融，绵绵虚空，与前站着之景况无异。亦有练一趟而不动者，亦有练二趟而不动者，嗣后亦有动时，仍是提至丹田，而动练拳之内呼吸，转法轮用意之用于丹田，以神转息而转之，从尾闾，至夹脊，至玉枕，至天顶而下，与静坐功夫相同，下至丹田。亦有二三转而不动者，亦有三四转而不动者，所转者，与所练趟子，消化之意相同。以后有不练之时，或坐立，或行动，内中仍以用练拳之呼吸，身子行路亦可以消化矣。以后甚至于睡熟，内中忽动，动而即醒，仍以用练拳之呼吸，而消化之，以后睡熟而内中不动，内外周身四肢，忽然似空，周身融融和和，如沐如浴之景况。睡时亦有如此情形，而梦中亦能，用神意呼吸，而化之。因醒后，已知梦中之情形而化之也。以后练拳术睡熟时，内中即不动矣。后只有睡熟时，内外忽然有虚空之时，白天行止坐卧，四肢亦有发空之时，身中之情意，异常舒畅。每逢晚上，练过拳术，夜间睡熟时，身中发虚空之时多；晚上要不练拳术，睡时发虚空之时较少。以后知丹道有气消之弊病。自己体察内外之情形，人道缩至甚小，消除百病，精神有增无减，以后静坐亦如此，练拳亦如此，到此方知拳术与丹道是一理也。以上是余练拳术，自己身体内外之所经验也，故书之以告同志。

拳术至练虚合道，是将真意化到至虚至无之境，不动之时，内中寂然，空虚无一动其心，至于忽然有不测之事，虽不见不闻，而能觉而避之。《中庸》云："至诚之道，可以前知"，是此意也。能到至诚之道者，三派拳术中，余知有四人而已。形意拳李洛能先生，八卦拳董海川先生，太极拳杨露禅先生，武禹襄先生。四位先生，皆有不见不闻之知觉。其余诸先生，皆是见闻之知觉而已。如外不有测之事，只要眼见耳闻，无论来者如何疾快，俱能躲闪。因其功夫入于虚境而未到于至虚，不能有不见不闻之知觉也。其练他派拳术者，亦常闻有此境界，未能详其姓氏，故未录之。

# 第三节 孙剑云先生语录<sup>*</sup>

## 一、主旨举要

太极拳是我国特有的武术项目。它具有强壮身体、祛病延年的功能，并具有特殊的技击作用，是一种"内外兼修"的运动。孙式太极拳是我国太极拳主要流派之一。先父孙禄堂，以毕生精力，钻研形意拳、八卦拳、太极拳，融会贯通，进而熔三家于一炉，卓然自成一家——孙式太极拳。孙式太极拳的特点：进退相随，舒展圆活，动作敏捷，既有形意拳的跟步，又有八卦拳的身法，动作紧凑，犹如行云流水，绵绵不断，每转身则以开合相接。故又称"活步太极拳""开合太极拳"。

## 二、孙式太极拳的功效及医疗保健作用

孙式太极拳的功效作用在于：一方面加强肺脏功能以理气机，另一方面则提高肝脏作用以通百脉，以此增进健康。这种动中求静、以气血为主的运动方法，是经过多少年来无数拳师，用毕生精力实践研练、不断总结提高而得来的。先父孙禄堂常常讲："人身养命之宝是气和血。理气之机为肺，理血之机为肝。气为先天，血为后天。故气在前，血在后，血无气不行"。这就是说，肺和肝是人的身体的主要器官，一旦肺和肝发生故障，则危及生命。而气更为重要，所以有"百病生于气"之说。气不散乱，就能内外如一；气一贯通，就能上下相连，从而使人身各系统保持稳定和平衡。这样就可以保持人的身体健康了。

那么，练太极拳是怎样使得人体各系统收到保持稳定和平衡的功效呢？我们都知道，造成人身发病的原因，使人体不健康的因素，很重要

* 本节内容摘自张大辉著《十五式办公室太极拳》，山西科学技术出版社 2016 年版。

太极拳心解
——三十年道功修习体悟

的一点就是情绪波动、思想混乱，由此而影响气血流通，造成有失正常，有失平衡，产生疾病。练太极拳可使思想意识集中于头、手、身、足的连贯一致，使情绪安静，自然促使气血周流，运行随之正常和平衡。气血周流运行情况得到改善之后，原来因为气血运行反常而造成的一切疾病，亦随之逐渐消减，这样就有了恢复健康的功效。我国的医药经典上讲："恬澹虚无，真气从之，精神内守，病安从来。"又说："气为血帅，气行血行"。这都是要人们勿使自己的思想混乱而保持情绪乐观安定，使造成疾病的因素不起作用，然后保持呼吸正常。气机一通畅，就能使人体内在的力量充沛旺盛，从而使一切血液循环系统、消化系统、分泌系统、排泄系统等等均能得到正常代谢，增强人体健康。人体健康得到加强，即使遇外界气候的骤然突变和任何流行疾病的传染，都无从侵犯，这自然是增强了抵抗力，收到防病于未然的功效。

"太极"二字就是气的代名词，研练太极拳就是"人衰气补"的最好运动方法。因此，古人素有"药补不如食补，食补不如气补"和"一气流行，无凹无凸"的说法。大自然中任何生物都充满着气，分秒不能离开这气，至大至刚的是气，至柔至微的也是气。年轻人气盛所以强壮，老年人气衰所以衰弱。要想保持身体强壮、青春常在，就必须保持盛气常在。研练太极拳是用腹式呼吸，就是拳师们常说的"息息归脐"。做到了小腹呼吸，促进了肝脏的血液循环，因而增加了静脉血的回流量，同时也增加了动脉血的输出量。我们知道，腹式呼吸比胸式呼吸好处多，因为用胸来进行深呼吸只有胸部向前后左右扩张，远远不如用腹部来进行深呼吸时能把上下体内腔容积放大，其所接受的肺活量，要远比胸部呼吸大。胸部呼吸时，因为肺部毛细血管充血的影响，会减少动脉血的输出量。而腹式呼吸就大不相同了，因为腹压增高的关系，起到了积极动员肝脏所贮藏的血液参加血液循环的作用，从而增加静脉血的回流量及动脉血的输出量，同时因周围神经的高度兴奋，毛细血管通路数量增多。在这一影响下，不但减轻了植物性神经和大脑皮质的负担，达到维持情绪安定的目的，而且在所有气血系统得到改进之后，足以防止外来病因的侵袭，这样就达到了祛病延年的目的了。

练太极拳的一切动作，举手、投足、身躯辗转……无不取象于天体"圆形"，惟圆可以包罗万象，惟圆可以最为持久，犹如充沛于宇宙之间的气一样，又圆满又活泼。若能练到一气流行、无阻无碍、无凹无凸、一任自然的程度，那么受益将是极大的。练太极拳有一动百动之说，决不局限于某一部分，亦不可分割开来，而是相互依存，相互诱导，故必须力求姿势正确，动作和顺，不能危害呼吸正常。若差毫厘，只恐有失之千里之弊。

## 三、孙式太极拳的练法

太极拳的套路以掤、捋、挤、按、采、挒、肘、靠八种手法，配合着前进、后退、左顾、右盼、中定、四正四隅等步法而编成的。前面讲到过，孙式太极拳中既有形意拳的跟步，又有八卦拳的身法，是熔形意拳、八卦拳、太极拳于一炉，所以有它自己的风格、特点。先父禄堂公曾反复训论说："练拳时，要从其规矩，顺其自然，外不乖于形式，内不悖于神气，外面形式之顺，即内中神气之和，外面形式之正，即内中意气之中。故见其外，知其内，诚于内，形于外，即内外合而为一。"这段话十分精确地讲述了如何练好孙式太极拳的道理。回忆先父的教诲，加上自己几十年研练太极拳的体会，有以下几点粗浅认识。

### 1. 太极拳的规矩

孙式太极拳讲究中正平稳、舒展柔和，绝不要跳跃等勉强动作，从起势到收势，各种动作、各种姿势都是相互连贯，一气呵成，使得全身内外平均发展。头为诸阳之会，为精髓之海，为督任两脉交会之点，统领一身之气。此处不合，则一身之气俱失，所以必须不偏不斜，不俯不仰，直立顶劲，顶头竖项。

足能载一身之重，静如山岳，有磐石之稳；动如舟楫车轮，无倾覆之患。左虚右实，不实则不稳，全实则移动不利，容易倾倒，不虚则不灵，全虚则轻浮不稳，故必须虚实相间，方得灵活自然。腰为轴心，居一身之中，维持人体重心的是腰，带动四肢活动的也是腰，所以要刻刻留心在腰际。先父教授拳术，要求极为严格。他要求研练者必须严守"九要"的规矩，稍有不合，立即纠正。这"九要"是：一要塌（塌腰、塌腕）；二要扣（扣肩、扣膝、扣趾）；三要提（提肛，但不是用意识去提）；四要顶（舌顶上腭、顶头、顶手、顶膝）；五要裹（裹肘、裹胯、裹膝）；六要松（松肩、松胯）；七要垂（垂肩、垂肘）；八要缩（缩肩、缩胯）；九要起钻落翻分明（头顶而钻，头缩而翻，手起而钻，手落而翻，腰起而钻，腰落而翻，脚起而钻，脚落而翻）。

这些拳法中的规矩，绝不是违背自然的，它是从人的生命开始时便带来的自然本能。只不过这种本能动作是在成长的过程中，随着生活习惯和职业环境等不同程度的潜移默化，于不知不觉中逐渐消失了。练习太极拳在某种意义上讲就是将天然本能进行最大限度地复原。

## 2. 太极拳的调息

练习太极拳要心静调息，经常保持思想集中，不开小差，经常保持正常呼吸，每次呼吸都要细而深长，直贯丹田（腹式呼吸）。古人常讲："凝神于此，元气日充，元神日旺，神旺则气畅，气畅则血融，血融则骨强，骨强则髓满，髓满则腹盈，腹盈则下实，下实则行步轻健，动作不疲，四体健康，颜色如桃李。"由此可见练拳时气息的重要。呼吸是人们从娘胎中带来的本能，而练太极拳正是需要这种本能的自然呼吸。练习太极拳的主要方法之一就是调息（一呼一吸叫息）。调息的方法：呼吸时不着意不用力，绵绵若存，似有似无，一任自然。舌要顶上腭，用鼻孔呼吸，嘴要虚合，不要张开。要注意心肾相交，心中意志，下照海底，海底之气自下而上与神意相交，归于丹田之中，运贯全身，畅达四肢。先父禄堂公常讲："吸气时由涌泉过会阴上达顶门，呼气时只有息息归脐，每一举手投足，分布全身的筋脉都要协调合作，不呈散乱，所以能开合伸缩，力达指尖，运劲如抽丝，两手似扯绵。"古人认为脏器的病因是悲哀则肾病，喜乐不均则肺病，忧愁不解则脾病，怵伤思虑则心病，盛怒不释则肝病。这就说明了百病皆生于气。所以，练太极拳是以调息方法为主要目的。在练太极拳时要记住拳法中的口诀："心定神宁，神宁清静，清静气行。气行则神气相通。"

练太极拳时不可越出一个"中"字，即使在行住坐卧时也要不离开这个"中"字，若能悟透这个"中"字，便掌握了自己的重心，重心不失，呼吸就能保持正常，呼吸正常，才能百脉通畅。所以守中就是做调息功夫。

### 3. 太极拳的摄心入静

前面谈到练太极拳调息的重要，就是说要练好太极拳，要保持练习太极拳的功效，就必须消除一切影响呼吸不正常的因素，首先就是要"锁心猿，拴意马"，摄心入静。摄心入静的方法不是要用意识去强制执行，而是要从其规矩，顺其自然，才能消除一切杂念，只有一切杂念消除之后，才能使得呼吸正常，故千万不可有意使气。先父曾教诲说："有心御气，气反奔腾。"古人也讲："气不可御，御气则滞。"由此可见，"入静"与"调息"之间的关系是不可分割、息息相关的。用什么办法入静？就要遵照"八要"去做。这"八要"是"心定神宁，神宁心安，心安清静，清静无物，无物气行，气觉行象，觉象绝明，绝明则神气相通"。特别是在开始站无极式的时候，要力求身体内外的中正和顺，做到心平气和，使得呼吸正常，绵绵若存，不粗不暴，而且能够做到息息归脐，这样就有了身心恬静的感觉，努力研练不辍，自然会感到百脉充和、四体轻健了。

### 4. 孙式太极拳的套路练习

练习太极拳要柔不要刚。柔并不等于软。练太极拳的用力是用自然的力，绝不是咬紧牙关、屏住呼吸时用的力。它是一种顺中有逆、逆中有顺的自然力，是一种"气与力合一"的力，也是一种积于柔必刚、积于弱必强的力。祖国医学和气功均以肾为"命门"。从现代医学解剖学了解到，命门的部位近于肾上腺部位，肾上腺有调节各元素的代谢作用和电解质平衡作用。如果这样物质的代谢作用和平衡作用发生混乱，就要造成疾病甚至死亡。人们能维持生命，主要依靠肾上腺的功能，所以，肾上腺又称之为"生命之源"。练太极拳的初步功夫——练精化气，就是加强肾脏统治力量。但是，肾脏与其他脏腑是互相依存、互相影响、互相制约、互相促进的，决不可单独分割对立，而是统一不断变化的生理活动，大致不出乎伸缩开合、阴阳顺逆、动静虚实。

练太极拳的套路有三个阶段、三层意思。第一阶段初层意思：在练拳时，好像自己整个身子沉入河水之中，两足犹如陷入淤泥，两手及躯体的动作都像遇到水的阻力一般。第二阶段第二层意思：总的感觉仍如第一阶段的意思，只是两足似已不在淤泥之中，能够浮起，如善泅水者能浮游自如了。第三阶段第三层意思：好像整个躯体已钻出水面，身体感到格外轻灵，两足似在水面上行走一般，又好像只要心中稍一散乱，即恐下沉的意思。如练到这种程度，说明其套路已有一定功夫了。练习套路，必须要按照拳路的四正四隅，做前进、后退、左顾、右盼、中定等种种动作，内脏各器官配合，起着平均发展、一动百动等作用，千万不能局限于身体的任何一部分。只要做到气机通畅，心息相依，就是动中求静，那么一切杂念就不会产生了。这样，大脑皮质和植物性神经的负担减轻了，精气充沛了，从而达到了却病延年的效果。另外，孙式太极拳具有架式高、步法灵活敏捷的特点，这对于习练者的膝关节是十分有益的。大家都知道，凡武术运动员由于高强度训练，往往造成膝关节的损伤，有些甚至是严重的损伤。而造成这些损伤的因素不外套路中有大起大落、跳跃翻腾、单重架式过多等原因。而孙式太极拳的架式高、步法活的特点恰恰能使受伤的膝关节得到保护和恢复，自然也就没有损伤膝关节之担心了。在套路练习取得功夫后，对练也就有了很好的基础，因为对练推手亦不外掤、捋、挤、按、采、挒、肘、靠八法，基础扎实，就能自如掌握分寸了。

第六章

著者文章选编

# 第一节　恬淡静泊，志存高远
## ——忆先师孙剑云先生

剑云师已仙逝有时，然而，师传我孙式太极、形意、八卦三拳和三剑时的音容笑貌却仿佛如昨。

1992年，我开始随剑云先生习练孙式三拳剑。由于此前我已修习蒙古密法十数年，所以剑云师根据我当时的学习条件，令我先习孙式太极拳和剑。一年后，师才令我习练孙式形意拳、纯阳剑和孙式八卦拳剑。剑云师教学极严，一套拳剑下来，练习当中的纤毫差错都逃不过师的眼睛，老人家一五一十道来每个差错，然后要你依规重演，直至满意为止。记得初习时，师对我所习拳一周一查，对动作和神意方面的错误逐点更正，可谓锱铢必较。察觉我练习有所懈怠时，便语重心长地对我讲："老先生（即孙禄堂先生）在日，常说：'人一我十，人十我百，如此修炼，才有可能得拳中真谛。'这个规矩今天依然如此。"剑云师郑重道来，令我遽然一醒，懈怠之心顿去，修拳信心倍增。

剑云师品德高尚，在社会上和武术界有口皆碑。对此，我的师兄们曾多次撰文报道，其他事例还有许多。师教习拳剑甚严，然而在生活上待学生弟子却如亲生，弟子们的生活习性师皆了然于胸。每次在师家吃饭时，我们都能在饭桌上找到自己可口的饭菜。而师自奉甚俭，每饭所食素且简。师与邻里相处和睦，邻里间往来频繁，经常互赠饭食，我们这些习拳的弟子也常能顺享口福。

剑云师在武术界辈分大、资历深、修为高，但对同道和后学却极谦和。遇同道来访，总是盛情相邀，以礼相待。遇后学求教，总是循循善诱，诲人不倦。记得我曾带友人至师家求教拳学疑惑，当时师正送访客。时师年届八旬，我们均担心师身体过劳，打算改日求教。而师竟不辞辛苦，为友人解答拳学疑惑，深入浅出，直至其明白为止。

剑云师多才多艺，能书擅画，深通四书五经等国学典籍，并嘱我尽力抽出时间对之进行研习。师说："拳剑与书画在理趣方面颇多相通之处，许多妙处深习后可默识于胸，于悟彻拳理大有裨益。"惜我后来由于工作繁忙，未能坚持，至今思来颇觉愧对师嘱。在教导学生弟子处世为人方面，师将之与教拳并重，经常嘱咐我们要谨言慎行。寥寥数语，思之深远，至今仍觉受益匪浅。

情景犹存，吾师已去。忧思愁忆之中，歌诗一首，以志对剑云师的怀念之情。

武林风雨愁逝贤，师已乘鹤彩云间；

轻点慢说前后事，恬淡静泊意超然。

志存高远传绝技，春华秋实果万千；

继承师志勿懈怠，自有我辈疾奋鞭。

（原文载于《孙式太极拳拳架解析》，山西科技出版社，2011 年 2 月）

# 第二节　蒙古密法简介

## 一、修习蒙密的经历

跟随外祖父学习治病功法时，我才知道有蒙密（即蒙古密法，后文简称为"蒙密"）这种功法。由于蒙密法重心意的训练，有时也被称为意法。系统地学习蒙密，并对之有了较为深刻的认知，还得从上大学时我生病谈起。

记得 1981 年，我考入清华大学，在机械工程系读书。不久，即因病休学。在清华校医院住了接近一年，后又转至北京第一传染病医院（现地坛医院）治疗数月，均未见明显好转。清华大学学制五年，本科生因病休学最多不能超过两年。而我的休学治疗已一年有余，心中焦急之情可想而知。情急之中，想起了我的外祖父。记得儿时，母亲曾讲过，外祖父年轻时在乌兰浩特出家做过喇嘛，去过西藏，专修蒙医。抱着试试看的想法，我回老家找到了外祖父。希望他能尽快治好我的病，让我顺利返校。

当时，清华大学的暑假有八周。1982年暑假，我正式随外祖父修习蒙密。数月之后，我便返校读书了。两年后，身体状况完好如初。痊愈后，我坚持修习这门功法，直至今日。

## 二、蒙密的起源

关于蒙密的起源，据我所知，未曾见诸文字。这里，我简单整理外祖父的口述资料，删繁就简地介绍给大家。

据传说，这门功法是一位叫哈丹巴图的智者所创。元朝建立前后，成吉思汗的大将木华黎和中书令耶律楚材修习并倡导这门功法，才使得它逐渐在社会上传播开来。

据我的外祖父讲，蒙密来源于萨满教的修习功法和藏传密法，是召庙中的高僧和世间的大德们调整身心的手段和方法。它注重基于中脉的形神修炼，统称体学，进一步可细分为形学和神意学。整套功法分为整、觉、象、明、了、色、空七个阶段。整是形学的主体部分，而其他六步则构成神意学的主体内容。其实，各步均对形神有着非常具体的要求，各有不同侧重。

## 三、蒙密的练习方法

修习这门功法，应从身体各个部分的安排做起，着重培养身体的独立意识。具体做法是：将自身想象成以腰部为中界的两个底面相重合的金字塔，这两个金字塔一正一倒，上部为正，下部为倒；以腰部为中界，想象着让自己身体的各个部分尽量和金字塔的面和棱发生关系。在这一想象和自身约束的过程中，最初身体最明显的感觉是不稳，站不住，有上不着天、下不着地的感觉。

想象和自身约束并不是盲目的，这一过程对身心有着特殊的要求。对身体的要求表现为形学，对心意的要求表现为神意学。这种要求总的来讲分为七个阶段，即整、觉、象、明、了、色、空。

### "整"字阶段

实际上，这一阶段是一个完形阶段，即造就自身金字塔形的阶段。着意训练头、手、肩、肘、胯、膝、足等各个部分，如头宜悬松、手宜虚含、肩要定住、肘宜垂敛、胯喜松软、膝喜挺坚、足要腾挪，等等。各个部分在遵循各自状态的前提下，进行金字塔构形。

### "觉"字阶段

这是一个身体各部分既守规矩又脱规矩的阶段。上下一正一倒金字塔初步形成。在意念力强弱变化的作用下，金字塔构形可表现为形变。

### "象"字阶段

这一阶段，金字塔构形全部完成，连整体性的伸缩都可以做到。心意和形体之间可以呈现互逆运动。

### "明"字阶段

这一阶段实际上是让身体金字塔构形的变化和人的心意进一步发生关联，在身体上表现为某些部位产生热感或诸如酸、麻、胀、痛等感觉。

### "了"字阶段

这是一个金字塔构形若有若无的阶段。在这个阶段，心意的作用凸显。身体各个部位主要在心意的驱使下隐隐地守着规矩，动作表现为虚灵、松活。

### "色"和"空"阶段

这一阶段，我只是听外祖父谈起，对他做的动作我不能做出科学的解释，因此略而不谈。

## 四、功法理论概要

以下是我自 1982 年修习蒙密以来，结合自身实践，对外祖父所教授的理论的简单总结。

### 1. 意法浅说

法之准则为应无所住而生其心，由是而致形神相分，而非离。既有形神，必以分论，遂分为整、觉、象、明、了、色、空七大步骤。每一步骤相关形神而侧重不同。

自人降生以来，四肢均匀长大。骨骼、肌肉及隐伏于其中的诸类组织，皆以体元膨大为主。从形而论，撑天倚地，视为必然。遂有劲自足踵，主宰于腰，形于四肢，成为必然之法则。然则长大之时，必有缩小之事体，而常人不察。

意法之先人以为，人身本于中脉，体元及意元有机结合，遂有形神。身体发达之时，必是意元耗散缩微之际。此时，宜以意敛之，引导身体诸部趋于孤立规则，以减缓意元耗散缩微之力度，使其均匀散失，与体元离分相谐，从而有阴平阳秘之果，又有通及中脉、旁达左右之功。

整法当细心安排身体各部，逆常规而为之。使劲不起于踵，使腰不负重，唯精神稍紧。紧在何处，下当分论。

自想身体成为正倒金字塔，塔分八面，尖端指向上下。身体诸部附于其上，托于其内。此时，足不沾地，上唯悬丝，此危境也。当此时，宜妙觉诸部，以稳定为本，遂有觉法生。

觉时，当身体求稳，不敢稍动主意，恐有散乱之危。当此际，力点、意点常自分离，不由自主，副意识①暗生。总之，千头万绪、杂乱无章，

———————————
① "副意识"直译于蒙文，与随机意识和非可控意识高度相关。

为此际要点。

象际，渐于无章法中，有整形之飘忽，常逸于体周数米之境。忽远忽近，不由自主，瞻之在前，观之在后，出入本体，稍觉自由。

明际，源于象法飘忽既久，必有常循之处。像重叠既多，而痕迹亦著，遂有身体七大明点自生。此时，据明点，似据关，诸路皆现。妙察诸物，视为当然。

明法既有，强度不定，于明暗间，遂有寂点生，此是了际。了常据弱，见微知著。七情相扰，遂使了字难住，又不得不住。七般情绪，在于自主。此阶段主练心性。

法练身心，使之俱寂，不因外境而生心魔。此境既具，而任以四途，为政、医、兵、师，以利于世。

## 2. 意法口诀记要

### 总论

体意永相连，形神难各半。

身体随处解，意法无要点。

七情载德去，遨游天地间。

### 塔形构架解析

虚灵顶暗劲，极顶通涌泉。

腰脊初似直，足底微微点。

三心常映照，玄关十五偏。

意注百二十，心中存八面。

### 体元意元说

意外体圆，体外意尖。

达意知体，易简通玄。

## 形神论

枯形不果，纯神易亡。

神在形盈，形去神寂。

意体则神，体意则形。

## 身体分解论

支离破碎，信马由缰。

行止拘束，意在八方。

## 意法要点

松法细分有对顺，摇摆定点加浮沉。

前后左右意犹迟，零落终要上下根。

## 德法载体论

情为意旨，德作其辅。

德孤情狂，意法迷离。

## 意法体用论

法之体用，本于无形。世事广大，虚无其中。

妙在整念，安排各端。心系惟一，诸般安然。

觉法体察，在接外点。混融和体，自居其间。

觉觉成流，象呈天元。流通六虚，明点渐现。

现现出光，法理明暗。恬淡静泊，了意当然。

身心修为，本此歌诀。至于其用，当于其间。

（原文载于《武魂》，2004 年第 2 期）

# 第三节　孙式太极拳文化内涵初探

我于1992年始师从孙剑云先生习练孙式太极拳，此前，对于陈式、杨式等其他式太极拳有所涉猎，但最终属意于孙式太极拳。习练多年，自觉这种运动形式蕴含许多价值，值得玩味和推敲。

太极拳虽然名之为拳，但实际上，尤其是近几十年，它一直在向功的方向转化。从创拳初始的强调技击效应到近代的强调健身和养生作用，说明了这种变化趋势。因此，近年来，将大多数人习练的各式太极拳称之为太极拳功，其实更为合理。

孙式太极拳由孙禄堂先生所创，是现代流行的陈、杨、武、吴、孙五大流派太极拳中最晚产生的拳种。应该说，孙禄堂先生从文化建设的层面对其所学的形意拳、八卦掌、太极拳等多种拳功进行了匠心独运式的重构，追求运动形式和内涵的高度统一，不以动作层面的"难能"为可贵，以求意和形的高度协调。我曾在为童旭东先生《孙式武学研究笔记》所作的序中，将孙式武学的历史性和学术性特征简单归纳为："孙式武学，综合流派，沉思精酿。参武当，访少林；采形意，和八卦，证太极。据易品道，推陈出新，卓然独立，自成一家；俨然武学一昆仑。"这段话的主旨是说，1919年前后，孙禄堂先生合毕生心力所作的《太极拳学》等五部武学著作，实际上是对当时的中国武术各流派成果进行综合归纳后的结晶性成果，是中国武学发展史的里程碑。

## 一、孙式太极拳的运动特点

在大家的印象中，孙式太极拳的特点是架高步活，进退相随，进步必跟，退步必撤，每转身以开合相接。实际上，进一步讲，孙式太极拳的深层特点是追求形顺基础上的意形调和，讲究形和意适中。形不紧，则意自活；意自活，则形必顺。如此从形到意和从意到形的不断调试，方使身体在运动时中正不偏、协调有度，乃至于最佳的"虚灵顶劲，气沉丹田，不偏不倚，忽隐忽现"的中庸状态；对肢体和神经有较大的健益作用。

此外，孙式太极拳讲究"避三害、守九要"。避三害，是指练拳时切忌努气、拙力和腆胸提腹；守九要，是要求练拳时必须"一塌、二扣、三提、四顶、五裹、六松、七垂、八缩、九起钻落翻要分明"。其实，这些规矩就是王宗岳先生《太极拳论》中所要求的"动之则分，静之则合；无过不及，随曲就伸"的太极状态对身体各个部分的运动要求，是心意在指挥身体做动作时的具体指令，是孙禄堂先生根据自身武学实践的切身体会对王宗岳先生《太极拳论》的进一步阐释和细化。

"避三害、守九要"可做进一步解析如下。努气则丢力，拙力则忘意，腆胸提腹则导致气浮力刚、身体无根，因此练拳时，"三害"不可不避。塌、扣、提、顶、裹、松、垂、缩主要落实在心意上，起钻落翻分明主要落实在动作的节奏上，讲究"九要"即是讲究动则俱动，静则俱静，动静相宜有度，节奏鲜明适中。

另外，练习孙式太极拳时，建议将练拳过程定位在雕刻状态。也就是说，在练习太极拳的过程中，要时刻关注周身，对每一个动作细节要精细打磨。在这一过程中，心意和力是工具，身体各大部位和关节则是被雕刻的对象。记得前辈老师们曾讲过，慢到十分处，便是快到十分处。也就是要求细心揣摩、悉心体认练拳过程，注重对自身进行感觉观察；体会"心静、身灵、气敛、劲整和神聚"的状态，建立其间的逻辑关系。这种关系最初是模糊的，甚至很长一段时间内，都会很模糊。但随着理清路明和乾乾之功的不断相互促进，必然"功用一日，技进一日"，最终达到自如状态。

## 二、孙式太极拳的文化内涵

孙式太极拳的文化特征非常明显，认真解读孙禄堂先生所著《太极拳学》，会更加深刻地认识到这一点。太极是中国文化的标志性符号，将一种运动形式冠以太极之名，是先人们对运动进行理性思考的一种诉求，是对运动形式的文化内涵进行深入挖掘的必经之路。孙禄堂先生对形意拳、八卦掌、太极拳等许多武学流派进行了实践和思考，并将之结晶为《形意拳学》《八卦拳学》《八卦剑学》《太极拳学》《拳意述真》五部著作，他当之无愧为这方面的集大成者。

孙禄堂先生在其所著的《太极拳学》一书中，从传统哲学层面出发，全面、系统地阐述了太极拳名称的由来；指出"太极即一气，一气即太极"，即太极是一种高度有序状态，并且这种状态因时空而变，是一种随时适应时空变化的高度有序状态。这种有序状态的标志性特点即协调，就是"无过不及，随曲就伸"。用孙禄堂先生的话讲，就是"一气之伸缩"。也就是说，由于孙式太极拳就运动形式和心意状态而言，已经具备了太极文化的这种特征，故此名之为太极拳学。

体系性是文化的重要特征，孙式太极拳学根据"一理、二气、三才、四象、五行、六合、七星、八卦、九宫"来建构自己的学术体系。现在看来，与当下流行的自然科学主流文化相比较，这种说法看起来在表面字义上显得格格不入。但形式上不一致，未必实质内容上不存在关联。对之进行消化式的吸收而不是简单地抛弃，应是当代太极文化学者的使命性任务。否则，我们会失去先人们苦心孤诣地用他们那个时代的文化标定下来的实践成果的精髓。

孙禄堂先生将他的建构太极文化思维应用于自身武学运动形式的思考，并具体解释为"一理者，即太极拳术起点腹内中和之气，太极是也。二气者，身体一静一动之式，两仪是也。三才者，头手足，即上中下也。四象者，即前进、后退、左顾、右盼也。五行者，即进、退、顾、盼、定也。六合者，即精合其神，神合其气，气合其精，是内三合也；肩与胯合，肘与膝合，手与足合，是外三合也。七星者，头、手、肩、肘、胯、膝、足共七拳，是七星也。八卦者，掤、捋、挤、按、采、挒、肘、靠，即八卦也。九宫者，以八手加中定，是九宫也"。这九句话，应是孙式太极拳学自身文化体系的标志性特征，是孙式太极拳学的太极文化纲要。

用"一理"定拳，在行拳过程中始终坚持"一气伸缩"的道理，即成太极拳。一动一静互为其根，这就涉及"两气"一说。动静互换之中，头虚灵，手虚张，足平踏，一动无有不动，一静无有不静。上、中、下一气贯穿，称之为"三才"。涉猎周边，方有"四象"。此间，不敢或忘中定，并以之贯穿，故又有"五行"。运行连绵之中，动作鼓荡之处，时时敛心内视，使精、气、神各守其位、互相标定，称之为"内三合"。手、肘、肩、胯、膝、足六大关节隐隐与之相应，对外显现"外三合"。实际上并无内外，总称"六合"。具"六合"之态，头、手、肩、肘、胯、膝、足则各显其妙处，有拱卫之象，称为"七星"。具体而言之，所谓妙处即掤、捋、挤、按、采、挒、肘、靠八种劲别，定为"八卦"。八种劲别各具特色，共同处则为中和，最终归之为"九宫"。

如此，太极拳一发动，则"云行雨施，品物流行，大明终始，六位时成"矣。此为孙式太极拳学拳理之大概，又为孙式太极拳学文化内涵之大略。

（原文载《武魂》，2006 年第 1 期）

# 第四节　太极拳进境三意三形说

太极拳是关于意形关系的一门实践科学，意和形皆有大、中、小之分。

大意生机勃勃，如涓涓细流、红日灿灿、惊天动地、草木幽幽、流水汤汤、高山仰止、循循善诱，等等，是一种情绪化的东西，由它导向的太极拳是一种舞蹈境界。

中意则为理性思维意，如李亦畲的《五字诀》所说"心静、身灵、气敛、劲整、神聚"，等等，是一种冷静意，一种思考意。由它导向的太极拳更像是一种日常的行为规范，是一种平常表现和老生常谈。好比四时运行，日夜循环，人人都会，天天如此一般。

小意则是一种雕琢意，更是一种主观故意；甚或吹毛求疵，刻意为之。由它导向的太极拳有断续状，有矫揉造作态；更像机器人的循规蹈矩、刻板动作；也好似长辈对后人的唠叨叮咛。

这三种意都非常重要。没有大意，太极拳便没有了色彩，譬如大地失去太阳，没有了生气。没有中意，太极拳的表现则不是狂躁，便是举手投足的小气，给人一种不舒服的感觉。没有小意，太极拳便不会准确，千人一面，千日一面，千人千面，进步迟缓。

总之，三种意都非常重要，缺一不可。

与三种意相配的形也可分为大、中、小三种。可谓：大形滔滔，中形悄悄，小形计较。没有滔滔，便不会行云流水；没有悄悄，便没有中正安舒；没有小形的计较，便不会身心互使，随人由己。

此为太极拳进境之三意三形说，是为论。

（原文载于《武魂》，2012 年第 3 期）

第六章　著者文章选编

# 第五节　太极文化的七步九点论

## 一、太极文化创意实践引言

太极是中国文化的重要标志。如果用理性与否进行区分，太极文化当属文化中的理性层面。太极文化由来已久，它是兆端于西周时西伯，后经孔子为代表的儒学先贤们不断丰富完满的易学经典。千百年来，历经朝代，流转变化；据老庄，参法墨，借阴阳，存旁门；时隐时现，或微或要。

至于今日，文化复兴，太极所喻和谐互补，渐为世、为事、为人所重。其所示循序渐进之秩序、来龙去脉之趋势、伸缩自如之形态，益见彰显。当此时，详叙源流，考订内容，探之究之，钻之研之，条理成文，公示同好，当为必要之事。

## 二、太极文化源流和内涵简述

"文化"是中国语言系统中古已有之的词汇。根据记载，西汉以后，"文化"才作为一个完整的词汇出现。如"设神理以景俗，敷文化以柔远"（《三月三日曲水诗序》），"文化内辑，武功外悠"（《文选·补之诗》），等等。文化作为人类社会的现实存在，具有与人类本身同样久远的历史。

发展至今日，文化于种类而言，可谓林林总总，各分支派别呈现出千姿百态。对之进行细分详察，可发现，太极文化别树一帜，家喻户晓。

"太极"一词较早见于先秦典籍《庄子·大宗师》中，"夫道……在太极之先而不为高，在六极之下而不为深。"太极一词还见于《太上老君太素经》和《上方大洞真元妙经图》两文中。《太上老君太素经》中说："故易有太极，太极谓太易。太易者，大晓易，无有先之者。谓皓皓白气也。乃有太初。初者，气之始也。"

"太极"是《周易》中的一个重要概念。战国之际，随着原始卜筮在人们生活中的广泛运用，系统解释《周易》的著作陆续出现，成书于战国时期的《易传》之《系辞上篇》中说道："易有太极，是生两仪。两仪生四象，四象生八卦。"汉代以后，哲学史上围绕着"太极"问题展开了长期论辩，不仅儒家理解多种，而且道家、释家亦注解《周易》，于是太极经历了由实而虚、由气到数、由理到心等曲折变化的过程。

至宋，周敦颐、邵雍等倡导太极，主张秩序，使太极文化又显于一时。周敦颐著有《太极图说》，提出"无极而太极。太极动而生阳，动极而静；静而生阴，静极复动。一动一静，互为其根。"

至元，蒙古密法得以修订、丰富，太极文化遂以"整、觉、象、明、了、色、空"七步学说形式得以传承延续。

而后，至明末，王宗岳著《太极拳论》，将中国武术中的一种拳冠之以太极之名，以示标榜。太极文化觅得一载体，渐成显流。清末，杨式太极拳宗师杨露禅来京传授拳法，太极拳以其卓越品质显名京师。阳春白雪，下里巴人，三教九流，各据本位，探赜索隐，后继发扬，遂使太极拳以陈、杨、武、吴、孙五种形式，各擅其长，交相辉映，饮誉当今。更有社会贤达多方提倡，使太极文化成激扬清波之河流，荡污去垢，蜿蜒徜徉于人们的意识原野之中，助人恬静淡泊、修身养性，诸益渐显，与时偕进。

总之，太极文化寓于儒释道及当今科学诸学之中，是关于物、人、事的思考。它"仰观俯察，象天法地""近取诸身，远取诸物"，由物而人，由人而物，不一而足，终及于事。

### 三、七步九点论的基本内涵

如果将文化视作一个优美的人体，那么太极文化可视为骨架。它的美妙之处在于它的结构、在于它的韵律，更在于由这种结构和韵律构成的优美人体的各种各样的健康姿势。

抽象而言，太极文化是一种思维方式以及采用这种思维方式对自然进行描述、对社会进行思考和理想预期、对人本身进行平衡准则训练的全部结果的综合集成，可以进一步具体描述为七步九点。七步就是蒙古密法中所说的整、觉、象、明、了、色、空七步学说，用以描述事物发展的全过程。九点即针对上述事物发展七步说的每一阶段，还可以从瞬态进一步细分为一理、二气、三才、四象、五行、六合、七星、八卦、九宫九点来进行不同角度的详细刻划，也可谓之一事九观。

事物发展的七步说体现了其发展的时间历程。九点论则是就瞬态或暂态时的思维空间层面而言的。如此形成的一个立体式的思考结果群，便是太极文化的本体。这样一个本体必然给周边带来影响，也就形成了太极文化的全部。武学思想家孙禄堂先生所说的"太极即一气，一气即太极"可能就是这样一种情形的事物，它的始、终都很遥远，具体形态并不十分确切，古往今来对之的描述都具有相当的不确切性；它的内涵可谓"其大无外，其小无内，放之则弥六合，卷之则退藏于密"。在实际生活中，人们对太极文化的理解和应用常常处于"百姓日用而不知"的状态。

对于七步说，《蒙古密法简介》一文中的"意法体用论"这样写道："法之体用，本于无形；世事广大，虚无其中。妙在整念，安排各端；心系惟一，诸般安然。觉法体察，在接外点；混融和体，自居其间。觉觉成流，象呈天元；流通六虚，明点渐现。现现出光，法理明暗；恬淡静泊，了意当然。身心修为，本此歌诀；至于其用，当于其间。"

上文对七步中的前五步均有言简意赅的说明。对于事物发展的"色"和"空"的阶段，根据当时学习的体会，我个人认为，"色"的阶段已然是一个从"必然王国"走向"自由王国"的阶段，在这个阶段，一切变得丰富多彩，所有事物相因相生、互为结果。"空"的阶段则是一个得意忘形的阶段，古人所说"得意忘象""大同"是这一阶段的主要特征。

用九点论剖析七步说会发现，七步以每一阶段都有一个主导原则，也就是"一理"。在本文中，各阶段的一理都可以用七步说中的字进行概括。即"整"阶段是整，"觉"阶段是觉，余以此类推。

事物发展的每一阶段都有多种属性相伴，如运动性、稳定性、功能性、特征性、转化性等。二气、四象、六合主要与事物发展的运动性相关，三才、五行与事物发展的稳定性相关，七星与功能性相关，八卦与特征性相关，九宫与转化性相关。其间也有交叉，如六合也与稳定性相关，等等。

## 四、七步说简述（剖析）

蒙古密法与太极拳一样，具有修身、养性、益智、利事的功能。《蒙古密法简介》一文中曾说道："法练身心，使之俱寂；不因外境而生心魔。此境既具，而任以四途，为政、医、兵、师，以利于世。"

这里所说的"寂"是指通过修身，心性达到理想状态。这种状态非常有利于人们以正确、理性的思维有效投身于社会各项事务当中，从而使社会的整体状态更加和谐。由此可见蒙古密法中所蕴含的太极文化施之于物、人、事的多元一体性思考观。

"整"字阶段是事物发展的初期阶段，目的是建立联系，形成整体。其主导原则是统筹整合，区分主次。应用九点论可以发现，在这一阶段，稳定度不高，随机运动性较强，功能不突出，特点不明显，总体呈僵化状态。"觉"字阶段，系统中的事物普遍建立联系，但事物的联系度参差不齐。"象"字阶段，系统中的事物发展模式初步确立，有一定的功能显现。"明"字阶段，事物发展模式趋于成熟，功能显现实现可控。"了"字阶段，对事物发展的参与或控制驾轻就熟，如昼夜往复、四时运行。"色"字阶段，是一个丰富多彩的阶段，各种事物各居其位，各谋其事，各展其才，不一而足。"空"字阶段，是一个天下大同的阶段，其层面在丰富多彩之上，各种事物的发展基本上呈现出不徐不疾、从容中道的状态；更有许多未知事物处在一种萌生的状态，恰似空明的旷野中现出如薄纱般的淡淡云雾。人无心则略，有心则察。总之，随性情而自觉。

综上所述，可对七步说做如下概述："整"即建立联系，"觉"即深化认识，"象"即选择模式，"明"即发挥作用，"了"即自然运行，"色"即丰富多彩，"空"则预知未来。

## 五、九点论简述（剖析）

1919 年，武学思想家孙禄堂先生在其所著《太极拳学》一书中提出"一理、二气、三才、四象、五行、六合、七星、八卦、九宫"学说，用以刻划太极拳的思维架构。本文将这种描述事物的思维方式称为九点论，也称作一事九观说。

所谓"一理"，由孙禄堂先生所说的"腹内中和之气"推及于事物，就是在统筹全局、具有整体观的前提下，坚持重点论和中心论。在事物发展过程中，它是"纲举目张"的纲，类似于人体成长过程中的骨架。在九点论中，"一理"具有统摄其他诸点的作用，无此，则其他诸点无法展开。

"二气"也就是阴阳二气，是中国哲学中的重要概念。《易传》用阴阳解释《易经》中的两爻，提出"一阴一阳之谓道"，即矛盾对立面之间的对立统一。"四象""八卦"也是《易经》和《易传》中的重要概念，在九点论中，用以表示事物发展过程中的运动性。所谓运动性，起始必为动静分合，即"动之则分，静之则合"，呈现所谓"二气"效应。进一步细分，应为太阴、少阳、少阴、太阳四个状态，形成流转之"四象"态势。再进一步细分，则呈现动态的"乾健、兑说、离丽、震动、巽入、坎陷、艮止、坤顺"共八种状态的"八卦"属性。这是在运动中显现的"八卦"态势。

"三才"用于阐述古典哲学中天、地、人这三者之间关系的架构。九点论中，主要用于表述事物发展过程中的时空稳定性，具体是指时间上的过去、现在、未来，空间上的上中下、左中右和前中后。"五行"则是从事物发展过程中的诸多因素相生相克的角度表述事物发展的稳定性。"三才"说的是事物的时空位置，而"五行"说的是事物在矛盾运动状态中的特有稳定属性。

"六合"就是实三合和虚三合的合称。实三合表明事物的形态。虚三合则指事物的"精、气、神"，与事物发展过程中的本质相关，是在事物金、木、水、火、土五种属性相互作用基础上的升华。事物的"六合"状态包含了变化和稳定两种属性的交互，用于描述多系统间的相互联系，这种联系包含矛盾、依存及二者之间的相互转化。

"七星"原意即北斗七星。古代很重视北斗七星的作用，当时的哲人认为自然界和人间世事的变化皆由北斗七星而定。在太极拳中，七星指头、手、肩、肘、胯、膝、足之间的协调运动对外所体现的特定功能。推及事物，则指在运动和稳定过程之中体现的一以贯之的特定功能。

"八卦"是《周易》中"乾、兑、离、震、巽、坎、艮、坤"八种卦象的简称。在九点论中，八卦指事物发展过程中具有协调功能态时的多种属性，用于对事物的特定协调功能进行更加详细的刻划，从而把握事物的发展规律。这八种属性是"健、说、丽、动、入、陷、止、顺"。"健"与事物的发展活力相关，"说"与事物的适应性相关，"丽"与事物的影响力相关，"动"与事物的运动性相关，"入"与事物的切入点和深刻度相关，"陷"与事物的柔韧度相关，"止"与事物发展过程中的稳定度相关，"顺"与事物发展过程中的结合度相关。

"九宫"源自河图的九宫之说。河图将一至九按顺序排成三行三列矩阵，此矩阵横竖对角相加均为相同常数。推及事物，九点论是指事物发展状态的不徐不疾、松紧适度、从容中道等属性，是事物经过上述诸"点"刻划后的一种综合描述，可以据此判断事物的发展趋势。

九点论或一事九观说要求分析问题时一定不要拘于成法，一到九点的引申意义是别开生面、不拘一格的。总之，它以达到把握事物发展过程的通体透彻为目的，所谓"探赜索隐"即此意也。

七步九点论是对太极文化体系基本框架的一种假说。这种说法试图对事物发展的时空和属性进行统观式的描述和说明，以便在事物的发展过程中，细化整体，理清要素，把握事物的发展趋势，实现主、客观的最佳协调。

（原文载于《武魂》，2008 年第 2 期；《清华人》，2009 年第 5 期；《军工文化》，2010 年第 6 期）

# 第六节　孙式太极拳变拳实践
## ——望图生文兼作人生感悟点滴

## 一、引文概观

入场神泰气自闲，开合之中觅明点；

三体万物观终始，龙蛇大战开新篇。

拨草寻蛇重初始，本相庄严变化间；

无极还原看众人，谢场人生本淡然。

## 二、悉说统观

### 入场神泰气自闲（图 6-6-1）

人生时时入场，岂能没了关联。

入场神态千千万，最是紧要处着眼。

### 开合之中觅明点（图 6-6-2）

凭谁说开合等闲，前后左右转关。

古今明点难寻，其实就在心间。

### 三体万物观终始（图 6-6-3）

万物三体等观，终始都在瞬间。

尘凡顿易不错，明白了就是神仙。

### 龙蛇大战开新篇（图 6-6-4~6-6-9）

龙蛇大战开篇，纠结自古不完。

虚实转换相连，人生总是前忙后赶。

### 拨草寻蛇重初始（图 6-6-10）

拨草寻蛇很难，难在龙蛇不辨。

真龙似蛇蛇似龙，原来从古皆然。

### 本相庄严变化间（图 6-6-11）

庄严本相心间，谨记莫忘世间。

变化从来如此，一脉相承最难。

### 无极还原看众人（图 6-6-12）

终究无极还原，还得要众人看。

大众是我我是众，毁誉成败皆宜等观。

### 谢场人生本淡然（图 6-6-13）

思量谢场人生，凡事感恩不断。

淡然本具不了情，非我都宜高看。

## 三、图文通览

图 6-6-1　入场神泰气自闲

图 6-6-2　开合之中觅明点　　　图 6-6-3　三体万物观终始

图 6-6-4　龙蛇大战开新篇之飘形

图 6-6-5　龙蛇大战开新篇之凝形

图 6-6-6　龙蛇大战开新篇之奔形

图 6-6-7　龙蛇大战开新篇之疾形

图 6-6-8　龙蛇大战开新篇
之惊形

图 6-6-9　龙蛇大战开新篇之抢形

图 6-6-10　拔草寻蛇重初始　　图 6-6-11　本相庄严变化间

图 6-6-12　无极还原看众人　　图 6-6-13　谢场人生本淡然

（原文载于《搏击》，2014 年第 1 期）

# 第七节　太极拳修习学案教学法
## ——孙式张支太极拳俱乐部太极文化传习录之一

2015 年 1 月 11 日星期日上午，孙式张支太极拳俱乐部 2015 年度第 1 次太极拳传习活动在京城控股北开电气 4 层会议室举行。在以往 2013

年和 2014 年 2 学年传习基础上，我讲了本年度个人和集体的修习方法，即学案教学法。具体表述为三意三形，逐式标定。人人立案，理悟方行。

所谓三意三形，我曾著文《太极拳进境三意三形说》，将太极拳描述为意和形的相互关联效应。在太极拳运行中，意和形又各分为大、中、小三种，即意之大意情绪意、中意冷静思维意、小意雕琢意，形之大形滔滔形、中形悄悄形、小形计较形。

在此，试举例解析各式。如无极之形，小形仅为两足分开成 90°，两足跟尽量相挨等；中形为身体恭肃态；大形则为沙中立杆，整体端庄。无极之意，小意为"四无"，即心无所想，意无所注，眼无所观，体无所形；中意为静穆来袭，和思澄澈，洗心涤虑，一任静寂；大意则为混沌初成，杳杳冥冥，空空洞洞，有无纷呈。

再如太极之形，小形为头正、腰塌、膝弯、脚平等；中形则为深藏恭肃，稍加跃然；大形又为怡然相望，环顾周乡，扬鞭指远，悠然畅往。太极之意，小意为三害九要；中意为肃穆端庄，思虑周详，内外兼顾，意蕴悠长；大意为耀然马上，光亮堂堂，沉吟涵远，有朋八方。

至于其他各式，俱是仿此细分，不过更加具体而已。我计划成文《十五式办公室太极拳之三意三形解析》，以告同学。

所谓逐式标定，就是一式一式地学，不论何人，不分何时，均以此论。理论结果可能是，一人可能终生只习数式。但目标定成这样，往往结果不仅如此。

所谓人人立案，即是俱乐部所有成员，均需个人备案。一年活动 12 次，每次 3 小时，一年共计 36 小时。最终应该次次记录，时时记述。我认为首先是一次一记，为总体活动记。内容包括活动时间、地点、内容等，由俱乐部一专人负责。然后是每人一记，内容应该是个人本次修习内容，加之个人体会。先由个人完成，然后交俱乐部班长首审，最后由我总览通过备案。期间可能经过数人审览。最终所有成文需要汇总，并要有我的意见签署。该次活动所有资料一式三份，一留本俱乐部秘书长处，一留俱乐部班长处，一留在我这儿。这是一次活动的计划。一年中的 12 次，希望次次如此。年终汇总，需经讨论研究，再成文汇总，为一年太极文化学习学案。

所谓理悟方行，实际上是一种目标管理、一种期望管理，是希望我们的太极拳及相关文化的学习步步扎实、逐渐积累，以不负太极文化先贤对我们后来人的期望，不辜负他们创拳之艰苦卓绝，为家国学问传承做出我们应有的贡献。

（原文载于《搏击》，2015 年第 2 期）

# 第八节　一个时代的文化高峰
## ——孙禄堂先生道功之我见

无疑，那是一个时代的文化高峰。公元 1919 年，中华大地，一个时空的汇聚处，孙式太极拳静穆来袭，跃然于世。

于摆荡周折中，悄平寻奇。仍循旧迹地，扪心自问。至千里之行时，躬身侍亲。在转关出奇处，回身思量。翻手为云，拨云观海，而至临海观潮。于是，太公探海，踽踽独行，终得开合之径。僧敲月下，势定乾坤，三径同归，通达开合。

谛听良久，西伯思贤，开门观远，掩门待贤。如此开合，总数十三，行拳罗列，枢纽关联。

一层动静：携鞭初探，踯躅思绪，八卦五行，妙用同看。

二层动静：定形开鞭，八动相连。七上八下，五默相关。

三层动静：思之再三，长缨在手，声东击西，周旋三连，和盘托出，协力托天。持平在心，左右同显。视动犹静，动静相连。

四层动静：蓄势弯弓，凉棚观远，全身而退，徘徊不前，二度谛听，拨草寻蛇，策马疾行，扬鞭指远；动静相宜，随机转换。

五层动静（一动息）：重复以往，分达三径。周而复始，动静等观。

动而教入，动而众入，动而独入，静而众入，静而独入，动定而静，凡此五型，辅护营盘。

所谓：道功如灯，整整前行。


（原文载于《随我慢慢学太极》，2016 年 12 月 11 日）


# 第九节　从太极文化说国家建设


文化是一国之魂。为此，国家建设，须发达文化。而发达文化，即明白理念。太极文化，历经多代，流转变化，寓于儒释道及当今科学诸学之中，不离物、人、事之思考，予谓至今形成二层理念，为七步九点和五心八节。若思想，则关乎七步九点；若实践，则关乎五心八节。

思想，为诸事之要，所谓谋在事先，至关重要。从七步九点而论，七步，即建立联系、深化认识、选择模式、发挥作用、日常运行、丰富多彩、预知未来，简称整、觉、象、明、了、色、空七步。九点，是针对上述每个环节的细分，即惟一道理、正反对峙、逻辑自洽、流转变化、相生相克、内外统一、方向明确、大同天下，简称一理、二气、三才、四象、五行、六合、七星、八卦、九宫。

实践，重中之重，惟此，事成有时。当居五心，即资源重心、行动体心、有度形心、功能意心、道行天心，简称重心、体心、形心、意心、天心五心。宜从八节，即万般结意、事事成形、遵从辅导、用在互动、不忘自修、时时精讲、专心标准、天下大同，简称结意、成形、辅导、互动、自修、精讲、考核、分享八节。

七步九点，五心八节，始终遵从，则功到事成，烹茶唤友，颔首人生。

# 第七章  太极文化三友论丛

自 1982 年前后，随外祖父修习蒙古密法、接触太极文化以来，周边渐渐聚集起了三类人：会员、友人和弟子。这三种称呼，也仅仅是称呼而已。其实，大家都是朋友，友情才是最根底的，所以我称之为"三友"。

　　谈及太极文化的修习，从外祖父教我背诵周易卦名开始，中间经过剑云先生和诸位师友的教诲，到而今已有三十多年。学问虽然常常流于浅尝辄止，但师友却累积了不少的人。师友们的言论如今细细考校去，仍觉回味无穷，常常感到受益匪浅、意蕴隽永。于是我就想："将这些妙文有机联并串和，我写的也夹杂其中。看机缘是否巧合，能否使之前后呼应，太极'一把'。即，先'整'之，再'七步'之"后六字"（觉、象、明、了、色、空）之。然后'九点论'细观之。最终，'七步九点论'统观之，希冀大成之。"

　　此为本章之由来。

# 第一节　赤峰市孙式太极拳协会成立两周年有感

## 张卫民

　　赤峰市孙式太极拳协会之成立，在当今并不算一件轰动武林的大事。赤峰市孙式太极拳协会，在当今众多的各类武术组织中也许是并不起眼的一个协会。2007 年 7 月，我有幸主持了赤峰市孙式太极拳协会的挂牌仪式，在后来的接触中，诸位同好对孙式太极拳的热爱和潜心实践给我留下了深刻的印象。我觉得，这种求实和认真的风气在当今武术界是不多见的。这种精神，也正是老辈武林先贤们所留下的宝贵遗产：不求实，不足以求得真道理；不勤奋，不足以证得真功夫；不思考，不足以使境界精进。孙禄堂公的武学思想体系本身也蕴含着这种精神。其中，不得不提的是协会会长张大辉先生对孙公武学思想体系的继承和阐发。

张大辉先生浸淫拳学研究二十有年，功力深湛，见解高妙。记得当年认识张大辉先生，一席话，就彻底颠覆了我对中国武术的想象——我当时也像大多数人一样，对于武术，总是习惯以想象来代替真实不虚的身证体悟。我想，这是人们对武术的误解大于理解的原因之一：无缘见到真人，不得门径而入。长久以来，这使中国武术蒙上了要么神秘不可知、要么蒙昧无知的面纱。

大辉先生语拳学，令人耳目一新，有黄钟大吕的壮观，亦有细细如缕的具象分析。近年来，随着大辉先生拳学境界的精进，对于拳学之境，颇多意蕴悠远、气象万千之语。此时，语拳近语禅，大有王摩诘所谓"彩翠时分明，夕岚无处所"之境了。

近二十年亦师亦友的交往，不知道多少次面聆大辉先生对拳学的高深见解，可惜我于国术只是个票友，每每称快之余，则于理趣层面浅尝辄止，少付诸实践。回想当年大辉先生煮酒论武论文的青春豪情，至今仍有如饮醇醪之感。如今我们都已步入中年了，在感叹人生秋意的同时，我也欣喜地看到，大辉先生言谈语默、举手投足，已俨然呈本自具足之大气象。

世上学术门类甚多，真学术也是有的，但从来都是被假学术包裹着。真学术必在沉寂散淡之处，少一分世俗喧嚣，多一点真学术真意。二十余年来，大辉先生远离江湖庙堂的纷争，潜心于武学真谛的认识和实践。秉承蒙古密法的家学渊源，加之会通文理的学术背景，遂使大辉先生对于孙式武学体系能够有独到而富含深蕴的阐释发扬。

张大辉先生尝言："孙式拳学，与武与文，皆得要义。"诚哉斯言也。在我看来，孙式武学体系不仅以其全面继承传统形意拳、八卦掌和太极拳的真实学术内容而著称，而且以其理论之完备、体系之次第分明而显扬。孙禄堂公在《拳意述真》中屡屡提及前辈所言："固灵根而动心者，武艺也。养灵根而静心者，修道也。"禄堂公所屡屡提及的这番话，其中定是大有深意的，以我等后学之愚钝，不可能全解其奥意，但至少能回答简单的问题：我们为何练拳？练拳的目的是什么？世人常谓如今早已进入火器时代，武术已经不能作为技击之术而列于战阵了。这其实只是一知半解之论，即便在冷兵器时代，武术也只是一种辅助手段，决定战争胜负的，还有人心向背、谋局布阵、粮草筹措，等等，而非个人技艺之逞。所以说，武术之用，在其只为不用之用。对今人而言，修身养性是也。

作为学术的一种门类，或许武术更适合在远离喧嚣大都市的地方修持。武术并不像其他学术那样需要大量资讯，对于习练者来说，首先是需要内涵真实的传授，然后就是在清静处孜孜修习了。从这个意义上来说，赤峰作为塞外边陲之地，实在是修习武术的好地方。孙式武学能够在赤峰生根发芽，机缘殊胜。

（张卫民著，原文载于《孙禄堂武学文化网》，2008年12月28日）

# 第二节　密因了义阐中和　大象无形理太极
## ——孙式太极拳第三代传人张大辉先生侧记

### 张建峰
### （孙式太极拳第四代传人）

张大辉先生，1964 年生，内蒙古赤峰人，蒙古族，现居北京，是孙式太极拳第二代传人孙剑云弟子，蒙古密法专家。1988 年清华大学机械工程系本科毕业，工学博士，高级工程师，中国航空体育协会太极文化顾问。现任中国航空工业北京航空制造工程研究所所长助理，中航工业制造所太极协会会长。同时兼任内蒙古赤峰、山西大同、浙江建德、江苏常州中简科技、京城控股等多地多家孙式太极拳和蒙古密法研究机构负责人或名誉负责人。

张大辉先生是孙式太极拳以及蒙古密法的主要传承人和代表人物；太极文化七步九点论的提出者；孙剑云先生的入室弟子，孙禄堂先生晚年武学的主要传承人。2011 年 7 月入选《中国太极拳大百科》。2013 年 1 月申报的"孙式太极拳"项目被评为北京市朝阳区区级非物质文化遗产。曾配合孙剑云先生拍摄孙式太极拳推手录像、拳照等。撰写有《孙式太极拳文化内涵初探》《蒙古密法简介》《太极文化的七步九点论》《太极拳进境三意三形说》等多篇太极文化研究文章。出版有《孙式太极拳拳架解析》《十五式办公室太极拳（又名孙式太极拳十五式）》等专著。

### 一、乘愿而来，承继绝学

在广阔的蒙古草原上，流传着这样一个美丽的传说：天命所生的一头坚毅勇敢的苍狼和一只纯洁美丽的白鹿，结为连理，一同渡过腾吉思海子（今内蒙古自治区呼伦湖），在斡难河（今鄂嫩河）源头、不儿罕山前立下营盘，生下了一个漂亮的男孩，取名为巴塔赤罕。辗转繁衍，后代乞颜部中出了一位叫铁木真的人。他智慧果敢，东征西讨，建立起了横跨欧亚的强大帝国——蒙古帝国，人们尊称他为成吉思汗。成吉思汗的直系后裔被称为"黄金家族"，从此，这个家族深深融入中国历史的洪流之中。时光荏苒，岁月如梭，历经时代变换，"黄金家族"的后人们而今依旧带着草原的宽广胸怀，带着苍狼的坚韧和白鹿的圣洁，在各行各业贡献自己的力量。在北京的通惠河边，八里桥畔，郁郁葱葱的树林掩映下的宁静的军工大院里，就有这么一位"黄金家族"的成员、成吉思汗十七世孙阿勒坦汗（意为"黄金家族可汗"，明史称俺答汗，明朝封顺义王，"中兴之主"达延汗之孙）的直系后人。他，就是孙式太极拳第三代传人、蒙古密法专家张大辉老师。

张大辉老师出身清华，为工学博士、研究所高级工程师，还是单位领导干部。初见面，便可知张老师待人非常亲切，是为人斯文、谦和的典型中国知识分子形象，诚如孔夫子所言"温良恭俭让"，怎么看也无法和"武林""江湖"联系起来，但张老师却是一位同时继承了孙式武学和蒙密功法的人物！人们不禁要问，这么一位饱读诗书、温文尔雅的清华才俊，是如何走上传承光大中华武学之路的呢？

说起张老师的武学之路，倒有几分偶然。张老师 1981 年考入清华大学机械工程系不久，即因病休学，住院治疗一年多，也未见好转，焦急之下，他想起了自己的外祖父白相瑞先生。张老师的母亲曾讲过，他的外祖父年轻时在乌兰浩特出家做过喇嘛，是著名的蒙医专家和蒙古学学者，而且还修习高深的蒙古密法。抱着试试看的想法，张老师找到了外祖父。1982 年暑假，张老师正式随外祖父习练蒙古密法。神奇的功法让久病的学子仅仅数月就返回了久违的校园。张老师亲身体会到了这种高深功法的神妙之处，自此坚持修习，历经三十余年而不断（参见《蒙古密法简介》，张大辉，《武魂》，2004 年第 2 期）。

孙式太极拳心解

三十年道功修习体悟

这套蒙密功法，将萨满教修习功法、藏传密宗、中原道法、儒家经典等巧妙地融合在一起，身心相参，形意互动，从与身心相关的"整、觉、象、明、了、色、空"七种用意状态（也称为七步）出发，最终达到健益身心的目的。这套功法，成为召庙中的高僧和世间的大德调整身心的手段和方法，并因成吉思汗的大将木华黎和中书令耶律楚材修习并倡导而逐渐在上级阶层传播开来。

张老师自小就能熟读、背诵《周易》等经典典籍，夙慧加努力，人文素养极高。在清华大学读书期间，又深入研究了《孙子兵法》及佛、道等各家经典，并在勤修蒙密功法和孙式武学的同时，广泛涉猎陈、杨、武、吴等多家太极拳学。在清华大学的十几年里，张老师除去完成学习任务，业余时间几乎全部花在了对蒙密功法、太极拳学、《周易》、《孙子兵法》及各家典籍的学习和研究上，这为后来他将蒙密与孙式太极拳学熔炼为一、从文化的层面重新构建太极理论奠定了坚实的基础。

据张老师外祖父讲，昔有武功高深之喇嘛，几十年间遍访中原武林，归来后告之曰："唯武（禹襄）孙（禄堂）为最强。"因此，特嘱张老师在北京从孙剑云先生学习。1992年，张大辉遵嘱拜剑云先生为师，学习孙式拳学。剑云先生感其心，念其诚，惜之若至宝，视之如亲生，循循善诱，式式亲传，关怀备至，而又要求严格，一周一查，逐点更正，倾囊以授。门内外皆知，张大辉老师是孙剑云先生晚年钟爱的嫡传弟子之一。先生多次向人提及，言此人乘大愿而来，与己有法缘。睿智夙慧，刻苦精进，内外兼修，渐修静悟，张大辉老师尽得孙式武学之精髓，成为孙禄堂先生晚年武学的主要传承人。

蒙密功法与孙式武学，皆为武学之上乘功法。前者由蒙古帝国以举国才智而订，不立文字，口口相传；后者由近代武学一代宗师，素有"虎头少保""天下第一手"之称的孙禄堂冶形意拳、八卦掌、太极拳于一炉所创制，法涉四海。前者秘密流传于蒙藏上级阶层，为王公贵族、高僧法王所修习；后者择徒极严，宁缺毋滥，孙禄堂先生晚年登峰造极之武学更是知者甚少。同时得二者并修习有成者，世之罕见，当世唯张大辉老师一人矣。

张老师学识之渊博、见解之深入，令人叹服。张老师随口就能大段背诵《周易》中的卦辞卦序，随机随时皆可起卦析卦。有一次见面，张老师对我讲："你现在是上泽下水，兑上坎下，困卦也，不要被困住。"我不禁啧啧称奇，因为那段时间，工作、家庭、事务一度让我焦头烂额，张老师即见即象，契机契时，度我境况，知易高深也。张老师不仅对易深研精到，对《孙子兵法》更是了然于心，倒背如流。他以兵法用于武学，合而通之；儒家经典，信手拈来，孔孟之道、郑玄通学、程朱理学、陆王心学等各家各派学说理论，如数家珍，详而备之；儒释道武医，莫不详熟；经史子集科技，莫不深涉；江湖庙堂丛林，莫不知其道。此之景象，感而慨之，张老师秉承家学，才出清华，文理兼备，儒释道皆精，执孙式之真与蒙密之妙，岂不信哉？

## 二、菩萨心肠，普济世人

孙式拳最重"德"，孙禄堂公曾言："务以德行为先，要恭敬谦逊，以涵养为本。"孙剑云先生亦言："习武德为先，不应有门派之见，各派形式虽有不同，然其理则一也。""菩萨"者，菩提萨埵也。"菩提"者，觉悟也；"萨埵"者，有情也。能觉者，所以能上求大道；有慈悲心者，所以能下化有情。觉者而有慈悲，知行合一，不落空谈，如说而行，如行而果，自觉觉他，自利利人，感悟自身、世界、他人，帮助自身、世界、他人，此之谓"菩萨心肠"。

接触过张老师的人都知道，张老师常常助人济困，乐善好施，力尽所能而不求回报。一次驾车外出会友时，行至山西境内，见路边一车侧翻，一位老太太头上流血不止，躺在车旁，一青年在旁照料，另有一中年妇女不停哭喊挥手求助，而过往司机多怕耽误事情或招惹麻烦，纷纷避让，没有人停车。张老师停车询问，方知此一家三口出游路遇车祸，老太太受伤严重。他当即让坐在车后的大弟子张殿山师兄一家三口下车等候，自己驱车带三位路人快速赶往最近的医院。因地处地方小县，正赶上老乡们赶集，张老师想方设法避开人流，在最短的时间内将受伤老太太送到了医院，及时救治了老人。

这样的事还有很多，但张老师从不主动提及。他总是讲："只要我能帮到的，总是要做的。"所谓"予人玫瑰，手有余香"，笔者对此也深有感触。当时，笔者正处于准备博士论文答辩的紧张阶段，孩子年幼，体弱多病，爱人又要上班，双方老人多病，无法帮忙照看，真是非常地忙乱。张老师听说后，多次来信和打电话关心孩子的身体，主动帮我联系医生、联系工作，虽然最后我去了其他单位，但张老师这种处处关心别人、不求回报的仁者之心，至今令我感动。同样，太极协会的会员哪个有困难了，弟子、学生、友人家庭有难事了，张老师听说之后，总是主动地、尽其所能地帮助解决，从不问耗费自己多少时间精力。

为了让更多人收修养身心之效，张老师综合孙式太极拳和蒙密功法，根据研究所的广大职工和社会太极拳爱好者的要求，积极改编并推广简单易行的套路，先后创编了"三十二式全民健身太极拳"和"十五式办公室太极拳"，成立了中航工业制造所太极协会和十几家分会，会员总数近万人，让数以万计的职工和爱好者接触到上乘功法，保持身心和谐和身体健康，取得了良好的社会和经济效益。

正如在《孙式太极拳变拳实践——望图生文兼作人生感悟点滴》（文载《搏击》，2014年第1期）中张老师"谢场人生本淡然"诗云："思量谢场人生，凡事感恩不断。淡然本具不了情，非我都宜高看。"张老师就是这样一位处处淡然、虚怀若谷、乐善好施、谨守武道的功高有德者。

### 三、金刚手段，贤者云集

"道为德高者得"这句话放在张老师身上再贴切不过。张老师不仅德高谦逊，功夫更是深不可测。张老师的一位友人朱先生，给我讲起这样一件事。当时张老师刚分配进单位不久，没人知道这位每天努力工作的博士是武林高人。朱先生习练其他拳术十几年了，自认为功力深厚，得知张老师习练太极拳后，就去找张老师切磋。他趁张老师不注意，猛然从背后挥拳偷袭，不想刚接触到张老师的身体，未见张老师身形如何变化，自己后脑勺就如同被重锤猛击一般，瞬间被击定在那儿，大脑一片空白，持续了几分钟，而整个身体像被雷电击穿一样，极其难受。朱先生交手无数，见过大场面，但从来没有过这种感觉。他万分震惊，知道遇到了高人，赶紧道歉。而张老师只说了句："不是我打你，是你打你自己啊。"并没有怪罪他。从此，这位朱先生追随张老师习练起了孙式太极拳。

这种如同雷击的感觉，门内韩师兄也向我讲起，他同样也是被打后对老师的功夫佩服得五体投地。这样的事例还有很多。在张老师的弟子、友人等追随者中，有一个奇特现象，就是很多弟子年龄比他大、资历比他高、习武时间比他长，而且很多人在拜师前就已是技击高手。如张殿山师兄、王海师兄等好几位师兄，拜师时都比老师大十多岁，而张殿山师兄、刘爱民师兄、韩斌师兄等从小习练外家拳，技击经验丰富，但是都甘心情愿地拜服在张老师门下，虚心向老师学习武术绝学。

孙剑云先生曾言，先父教导她，"练武术首先必须讲究武德。武德分两方面，一是口德，二是手德。"作为孙门第三代传人，张老师笃行这些原则，堪称典范。切磋交手，他多次轻松战胜名家好手、技击名家、全国武术冠军等，却从不炫耀；胜之，却从不向人谈及；不仅胜之，还处处以德服人，不让别人难堪。谈起各门各派，张老师也总是赞赏有加，不去评论短长。所以，纵是对手，谈起张老师的武功与品德，也都是称赞不已。

武功出神入化，文化渊博若海，品德正直高尚，渐渐声名远播，而英才贤者云集。张老师门下既有中科院知名博导、教授、碳纤维行业的领军人物，也有科技战线的众多高级研究员，国内国际大集团的董事长、总经理，医学专家，技击名家，武林高手。这种景象，已成为武术界少有的一处风景，不亲闻不足以知晓，不亲见不足以惊叹。笔者有诗赞曰：

功如虚谷秀，德若善溪潺。

腹内和合在，胸中管磬弹。

湖深飞鸟聚，海阔万流还。

空谷幽兰霭，清华水木岚。

澄澄真智妙，澹澹紫烟暄。

兵易千家阅，三门百脉参。

谢公东隐逸，王导北来全。

橐龠胎息有，无形大象潜。

诚如是也！

## 四、探赜索隐，构建太极

张老师经常鼓励我们研究武术理论，他说："孙式武学是一门文武兼修的学问，是体学研究发展历程中的优秀范本，对之进行承继，应该具有较高的个人素养。"在一次讲解蒙密文化时，张老师向我们强调，要特别重视文化层面的学习和博大胸怀的养成。比如蒙密文化是由中华多元文化融合而成，是多方面、多层次的，不是单一、孤立的，得益于元代兼蓄并包、海纳百川的文化政策和气魄。这种文化上的宽容和自由，与草原文化是分不开的。草原广阔，人的胸怀也宽广，没有边界和束缚，没有门户之见，只要好，就可以为我所用、为我所取、为我所发展。蒙古帝国至元代，各种文化、宗教交相融合，人与人之间有了纠纷，往往不是先去考虑如何战胜别人，而是先谈判，寻求和解，如"忽里台"大会等。所以，只有进行文化层面的学习以及摒弃门户之见的广阔胸怀，才能更好地理解、吸纳和发扬珍贵的文化遗产。张老师深刻地体认到，蒙密功法、孙式拳学殊途同归，本无二致。张老师的言传，让我们认识到，珍贵的武学功法是历史积淀下来的人类智慧结晶，是人类文明的重要组成部分，我们不能仅从表面字眼上来理解它，从几个姿势上来认识它，而是要从它背后深藏的厚重文化内涵来深入研究它、准确把握它，才能不"失去人们苦心孤诣用他们那个时代的文化标定下来的实践成果的精髓"（《孙式太极拳文化内涵初探》，张大辉，《武魂》2006 年第 1 期）。

张大辉老师对孙式拳学进行了精到的总结：孙式拳学，与武与文，皆得要义。与武，头、手、肩、肘、胯、膝、足呈"三九"安排，并和精神相协，可谓联动备至、精到无比。与文，一理、二气、三才、四象、五行、六合、七星、八卦、九宫，要言之为九点论，可称理法谨密、结构森严。文武相统，与时偕进。总之，孙式拳学，是武学，也是道学。

张大辉老师融会贯通蒙密与孙式武学，深入太极文化之内涵，发掘太极文化之意义，提出了"七步九点论"：七步者，源自蒙密，"整、觉、象、明、了、色、空"等；九点者，取自孙式武学，一理、二气、三才、四象、五行、六合、七星、八卦、九宫也。

张老师具体解释道，"七步说"概而言之："整"即建立联系，"觉"即深化认识，"象"即选择模式，"明"即发挥作用，"了"即自然运行，"色"即丰富多彩，"空"即预知未来。"九点论"择要言之：一理与完整性相关，二气、四象、六合与运动性相关，三才、五行与稳定性相关，七星与功能性相关，八卦与特征性相关，九宫与转化性相关。其间或有交叉，如六合也与稳定性相关。

张大辉老师结合自己的习练经验和理论思考，作《孙式太极拳文化内涵初探》《蒙古密法简介》《太极文化的七步九点论》《太极拳进境三意三形说》等多篇太极文化研究文章，出版有《孙式太极拳拳架解析》《十五式办公室太极拳》（又名《孙式太极拳十五式》）等专著。对蒙密和太极拳的关系进行了全面的解析，进一步丰富和扩充了太极文化的内涵，详细阐明了蒙密与太极拳殊途同归、本无二致性；构建了"七步九点论"，在新时期对太极文化体系基本框架进行了重新思考、总结和架构，提出了"三形三意"说，自王宗岳的《太极拳论》以来，对形和意进行了进一步的解析、抽象和总结。

## 五、大隐于朝，大象无形

唐代诗人白居易诗云："大隐住朝市，小隐入丘樊。"大隐、小隐的区别，不在于所隐之处所，而在于所持之心。持大隐之心者，纵"泰山崩于前而色不变，麋鹿兴于左而目不瞬"；反之，持小隐之心者，即使处林泉野径、世外桃源，也脱不开"风动幡动心亦动"的桎梏。大隐者，不退缩，不避世，勇于承担，自利利他。

张大辉老师曾言，修学孙式拳学要"提炼学问，学以致用；体用兼备，结合生活。真正的学问不排斥、不屏绝于社会；修习太极拳，尤其是孙式武学更当如此。我们孙式武学的核心要素'一气伸缩'，即具备深刻的与时俱进的含义"。蒙密功法亦是如此，海纳百川，集合天下大学之精妙，而又不失人间的任用，谓曰："法练身心，使之俱寂，不因外境而生心魔。此境既具，而任以四途，为政、医、兵、师，以利于世。"（《蒙古密法简介》，张大辉，《武魂》2004 年第 2 期）。

张老师慎思之、笃行之，在工作中，曾用"整、觉、象、明、了、色、空"的原则和四象做过二十多个项目案例，取得圆满的成果，所谓"任以四途"、知行合一也。

在弟子和众多爱好者的强烈要求下，2009 年 3 月正式成立了中航工业制造所太极协会，张老师为此付出了巨大的精力。他设定宗旨、拟定章程、列出计划，要么不做，要做就要做个风生水起。协会成立以来，已先后建立或共建十几家分会，会员总数近万人。

2013 年 1 月 6 日，中航工业制造所太极协会张大辉会长申报的"孙式太极拳"项目入选北京市朝阳区区级非物质文化遗产名录。

张老师领导太极协会，本着"三服务"的宗旨，充分发挥太极文化的引领作用，为企业经营牵线搭桥，为文化建设助力增彩，带来了良好的社会和经济效益，向人们展示了太极文化在经济建设和所务建设方面独特、不可替代的价值和作用。

张大辉老师让我们修习的，不仅仅是武术，也不仅仅是功法，而是一门渊博精深的学问；不是隔绝于社会的，而是始终和社会保持连通的；不是被社会风气或潮流所裹挟的，而是有自己的纲领和原则的。此法上通佛道，旁涉儒武兵医；心法与佛法相通，修法与道法相联，入世和儒家之"修齐治平"同，更不论武医；不仅是出世修行的正法，亦是入世济民的良器；不被社会所同化，亦不屏绝避世；内容极丰富，而内涵极简洁（"一气"及金字塔结构）。知行合一，理法兼备，"近取诸身，远取诸物"。笔者谨以一诗，作为结语。诗曰：

一理中和演太极，阴阳二气蕴天机。

混元有易展天地，万法无为济世晖。

老子西行传至道，仲尼周游守中归。

庄周仗剑逍遥游，亚圣养藏浩气挥。

慧可断肱求见性，五柳把酒采菊薇。

阳明知行揭真意，王右禅诗照月辉。

孙圣绝学天上有，张师武密世间稀。

太极自古本一脉，花绽千枝万处菲。

上问佛心无渺际，下融道法有门扉。

湛然常寂观玄窍，无我浑然化耀霏。

煮酒吟诗倚剑笑，负笈策马道武威。

菩提无树缘身觅，明镜非台自己祈。

擦却无明寻了义，身心俱寂探精微。

心心相印拈花笑，得意遨游九宇飞。

辗转相承延圣脉，为生立命望龙旂。

今能得见因缘道，愿晓识微悟见幾。

（原文载于《搏击》，2014 年第 6 期）

# 第三节  一次孙式太极拳变拳实践之引言

**胡凌清  姚  静  李红军**

**（孙式太极拳第四代传人）**

2013 年 9 月 29 日，中航工业制造所太极协会成功举办近 500 人（12 支 36 人表演方队）的"十五式办公室太极拳"团体比赛活动。12 支队伍依次上场，变换花样，异彩纷呈。最后，由协会会长张大辉先生表演十五式办公室太极拳的变拳。张大辉先生是中国武术十大名师孙剑云先生的嫡传弟子，深得孙式武学的精髓。孙式太极拳由形意、八卦、太极三拳合一。张大辉先生的这套孙式太极拳变拳既体现了三拳各自的风格，又有机结合、混融合一。在精彩的演拳中，形意之刚、八卦之变、太极之柔交相辉映，赢得参演员工阵阵掌声。在孙式太极拳变拳的高级功法——龙蛇大战演练中，张大辉先生更是通过龙蛇大战的飘、凝、奔、疾、惊、抢诸形以及大力金刚等高级功法将孙式太极拳的意蕴发挥得淋漓尽致。在现场观众叹为观止、意犹未尽之时，张大辉先生的变拳戛然而止。团体比赛活动结束后，张大辉会长有感而发，作《孙式太极拳变拳实践——望图生文兼作人生感悟点滴》一文，以飨读者。

详见本书第六章第六节。

（原文载于《搏击》，2014 年第 1 期）

# 第四节　营造明师效果　志于德技双修
## ——孙式张支太极拳俱乐部五年学习总结

## 冯纪华
### （孙式太极拳第四代传人）

　　所谓明师，当理法兼备、德艺双修，可谓：深具慈悲，妙觉圆通，泽及当世，感念后来；又或善念常存，雅量高致，行止动世，典范一时。考之当下，可谓稀缺。然大众期盼，必能不绝如缕。众志成城，终有明师效应。今有六旬翁冯先生纪华主持孙式张支太极拳俱乐部有年。逢年感思，经年有得，三年小成，五年结果。予观之，不以明师论，心喜效果存。

六旬翁李群贺纪华先生五年总结文成

　　俱乐部创立缘起于我们对太极拳的热爱。在京城机电与中航工业制造所合作的过程中，我们有幸结识中航工业制造所太极拳协会张大辉会长，开始跟随大辉会长学习孙式太极拳。由于习练队伍的壮大，习练场地不能满足要求，得缘落户北开。在会长和老师们高度重视、辛勤付出、无私奉献和魅力感召下，在拳友们热情参与、鼎力相助、全力配合和痴迷追随下，孙式张支太极拳俱乐部走过了 5 年历程。算上本次活动，俱乐部 5 年共开展活动 63 期，其中纯教学活动 58 期。5 年来，既学习了孙式太极拳的精华——十五式办公室太极拳，又系统修习了孙式太极拳道功 87 式。深感其内涵丰富、博大精深和魅力无限。

　　5 年来的俱乐部教学过程和经验体会分述如下。

## 一、教学过程

### 1. 学习十五式办公室太极拳，抓住重点，夯实基础（2013—2014）

2013 年，由十五式办公室太极拳（以下简称"十五式"）入门，开始了孙式太极拳的学习。十五式办公室太极拳共有 15 个拳式，42 个要素，含有孙式太极拳、形意拳和八卦掌的典型拳式，为孙禄堂老先生晚年所练拳套。

这一阶段的学习，会长按 42 个要素由外形（形）到内涵（意），逐一进行了深入的讲解，我们称之为"刻形"。

2014 年，会长对我们提出了更高的要求，要求我们在行拳过程中加上"忖度"和"迟涩"的意识，明确提出"忖度"和"迟涩"是 2014 年在"意"的方面重点修持的重要内容。同时，给我们讲授了关于"五心"（重心、体心、形心、意心及神心或天心）、"鼓荡"和"充盈"等一系列拳理和心法。

要求学员在课堂上要像学习书法时临摹字帖一样，模仿会长的动作和节奏；同时还要不失自己的方寸，熟练了以后再加进呼吸和韵致，把握着自己意和形的结合和协调。

非常重要的一点是，在这一年，会长提出了《太极拳进境三意三形说》，从理论到实践，进一步明确、完整地阐述了无极式和太极式的"三意"和"三形"，有助于学员更好地把握意与形的相互关联。

### 2. 学习孙式太极拳道功 87 式，逐步深入，求得真谛（2015—2017）

孙式太极拳传承有 3 种架子，分别为"传承架""功夫架""道功架"。在经过 2 年的习练，大家有了"十五式"的基础后，为了让大家深入学习、完整掌握孙式太极拳的全貌，会长引领我们走上了修习孙式太极拳"道功架"的道路。

2015 年，由"1452"（14 个拳式 52 个要素）到"1867"（18 个拳式

67个要素），再到"33133"（33个拳式133个要素），我们开始了"道功架"的学习。

2016年，由"53219"（53个拳式219个要素）到"57234"（57个拳式234个要素），学习了孙式太极拳道功87式的重点内容"小道功"。会长讲，孙剑云先生说小道功是孙禄堂老先生最得意的一段，是孙式太极拳道功当中最具有故事情节的一段。小道功小而精致，内涵丰富，意味深长；形与意讲究颇多，意蕴纷呈而艰深，非常难以把握。2016年，会长几乎用1年的时间专攻小道功，为学员学好并重点把握和深入理解孙式太极拳道功打下了坚实基础。

2017年，由"81352"（81个式子352个要素）到"87377"（87个式子377个要素），以完成玉女穿梭（天地祠）的学习为关键，实现了完整学习孙式太极拳道功87式的愿望。玉女穿梭（天地祠）这一小段也非同寻常，很有特点。会长讲，天地祠中协力托天这个要素（式子）是孙式太极拳道功87式377个要素中唯一体现大敛劲的要素，大敛劲就是摄空，是全身松得最好的一个要素，它是大松。要注意这种意、形状态的把握。

## 二、教学思想和方法

### 1. 教学思想

入好门，筑好基，循序渐进，不断深入。

选重点，抓难点，单独循环，反复敲打。

重启发，强互动，拳理心法，潜移默化。

抓考核，点带面，重点讲解，循环提升。

### 2. 教学方法

（1）独创《学案教学法》，旨在强化意形关系的训练。

《学案教学法》的基本原则是："三意三形，逐式标定，人人立案，理悟方行。"

《学案教学法》的基本方法是分段教学。

第一个阶段，即三意三形阶段，是希望大家对自身的行拳进行三意三形思考。

第二阶段，是根据第一阶段的个人描述或表述，找出和确定不足之处。进行有针对性的修正，即所谓逐式标定。

第三和第四阶段是总结归纳阶段。主要是个人能够自述自练，能够示范和讲解，并附有教练组的意见。

《学案教学法》的突出特点是：按照《太极拳进境三意三形说》描述的太极拳意和形的相互关联效应，一式一式地学。不论何人，不分何时，均以此为要求。俱乐部所有成员，均需个人备案。对学员实施一种目标管理，一种期望管理。

（2）提出"各执一说""各自为政"的教学要求，旨在理解拳理经典，深化《学案教学法》的自身实践与体验。

"各执一说"指学习经典，进行辨析。要求深入学习《太极拳论》等重要经典，精读后写出自己的认识和理解，以求学深悟透。目的是提升理论水平，通过辨析培养我们的"意"。

"各自为政"指重点强调自身实践与体验。要求在 2015 年的"1452"和"33133"2 个小套路反复习练的基础上，进一步体会要素的要求和自身头、手、肩、肘、胯、膝、足这七大部位的感受，把要素的要求和自身的感受用自己的语言表述出来。

（3）强调考核点评，问题导向，重点讲解，循环提升。

通过个人考核及分组考核，发现问题、纠正错误，对要素在"形"和"意"上做进一步校正。同时，对拳理和心法进行进一步讲解。以点带面，知识共享。每一次考核都是一次强化，每一次考核都是一次提升，每一次考核都是功夫精进的机会。

（4）治学严谨，讲求科学，以人为本。

自提出《学案教学法》以后，每次活动会长都亲自认真准备教案，明确教学内容和教学要求。有时还会强调重复次数，标明教学内容和要求是第几次重复。充分考虑学员们的具体情况，安排学习进度和内容。温故知新是教学的常态，以保证绝大多数的学员始终不掉队，始终被吸引，始终愿意跟着学。

## 三、教学成效和经验

在 5 年里，俱乐部强调套路练习，力求准确把握意形关系。同时十分重视太极文化的学习和研究，力求提高自身修养。按照会长提出的《学案教学法》和"各执一说""各自为政"的教学要求，将太极拳套路的修习与儒释道及太极拳经典理论的学习结合起来，将会长、老师们的传授与自身的体验结合起来，开展讨论交流，分享学习体会。5 年来，俱乐部举办讲座 10 场次，除大辉会长的专题讲授外，王萌书记、李群总、王司长、海存总、隋立江等学员都进行了专题演讲。这些学员有的佛道修为精深，有的文化底蕴深厚，有的理工基础扎实，他们从不同的境界和视野，以不同的高度和角度，用不同的方法和手段，阐述对太极拳和太极文化的认识和研究，交流学习体会，营造学习的氛围。通过讲座和交流，学员们拓展了视野，开阔了思路，丰富了方法，加深了对太极拳及太极文化的认识，提高了对经典理论学习的兴趣。5 年中，学员还完成学习总结和体会 13 篇，会长逐一点评，并进行了编辑，供内部交流，使大家受益匪浅。

俱乐部是一个平台，有丰富的优质资源，具备将太极文化与各领域知识相融合的明显优势和条件。平台资源包括医学（中、西医）、人体科学、国学、佛学、管理学、工程学、生物学、法学及艺术等十多个学科和领域，学员和拳友多是在这些领域有所建树的专家。这些资源有利于为学员、拳友，及其所在单位部门，在相互合作、相关咨询、信息共享、沟通协调、身心健康等方面提供帮助与支持。

俱乐部为太极文化交流提供了机会。从 2012 年 12 月创建至今，俱乐部除举办了 10 次内部讲座外，还邀请会长师兄弟、徒弟及徒孙讲解太极拳习练心得体会和拳理 4 次。国学大家刘伟见先生为俱乐部作题为"国学与太极文化"的专题讲座。中医及人体科学大家张建伟先生多次为俱乐部学员进行经络调理、血脉疏通，让大家大开眼界。泉派中医掌门人李亮先生为我们作题为"泉派中医与太极"的专题讲座，并为部分学员把脉诊疗。张永旺医师以其精湛的医术为部分会员解除病痛。孙式张支太极拳旗下的其他传播机构与俱乐部进行了多次交流。会长带领俱乐部部分学员参加赤峰红山太极文化论坛和大同游学，使我们感受并领略了会长弟子们的武学造诣和大家风采。

通过俱乐部这个平台，5 年间，孙式太极拳传人之间密切了联系，增加了往来，形成了合作。我们有幸拜会了会长的师兄白普山老先生。刘伟见先生在俱乐部举行了国学新六艺收徒仪式，展现了国学风采。会长的传人也举行了多次收徒仪式，让我们目睹了孙式武学的发展和传人队伍的壮大。5 年间，在学员的帮助和支持下，学员单位和相关企业之间进行了多次项目合作的信息交流、调研、协调与接洽，既有为建立联系打下基础的，也有收获了项目合作成果的。

## 四、今后展望：由卑而高，技无止境，继续前进，勇攀高峰

5 年，对太极拳来讲不算太长，也不可谓太短。太极拳有"三年一小成""五年一大成"之说，更有"太极十年不出门"之说。在世俗世界里忙碌的我们，要想"五年一小成"恐怕都是奢望。好在结缘名门，又遇明师，会长口授身传、倾囊相授，我们才有幸能有今天的收获。这 5 年的学习给我们打下了坚实的基础。

俱乐部 5 年的学习，在太极拳的修习上，还只是求学道路的开始。练拳的道路绝非平坦，更是学无止境，技无高峰。我们将不忘初心，脚

踏实地，由卑而高，继续前进。共同走向充满期待的下一个 5 年。

孙式张支太极拳俱乐部主任

孙式太极拳第四代传人冯纪华

2017 年 12 月 5 日

# 第五节　孙式太极拳道功习练学案

## 张永旺
### （孙式太极拳第四代传人）

先生（张大辉师父）道功传奇 6 篇，为正本清源所作。孙式太极拳道功为孙式形意拳、八卦掌、太极拳结合徐世昌老先生的建议及蒙古密法而成。其招式、意法、呼吸、手印，皆为体道入境之径。

先生强调以净、静、敬为态，含意身心息，为上层功法。

我每周至少 5 次辰时练蒙密十三桩，每次约 1 小时，其中无极桩 10~20 分钟，三体式约 5 分钟。

最近学习黄龙祥先生新作，结合自己多年在先生指导之下的体悟，特摘录如下。

医经言："恬惔虚无，真气从之，精神内守，病安从来"（《素问·上古天真论篇第一》）。杨上善注曰："夫情有所在，则气有所并；气有所并，则不能营卫，故忘情恬淡无为则气将自营也"（《太素》卷二十六）。只有虚至"极"，静至"笃"，身体才能进入"气自营"的随应而动的"天人合一"状态，……足见与古人对话光用"脑"是不够的，还须用"心"，用整个"身体"。

只有虚静，正气才能流行而邪气无从住留；只有虚静，神才能守其舍，神守舍则邪不侵、人不病。人，作为万物之灵的资本在于有高度进化的大脑和充分发育的意识，然而进化本身是要付出代价的，代价之一就是防病、抗病能力远不及大脑进化程度不高的其他动物。从人自身来看有这样的规律：成人不及婴儿，正常人不及意识有障碍的病人。这表明意识发育和主控的程度与抗病力之间呈反相关，而通过调节身心进入虚静状态是古人发现的一种最安全和有效的释放无意识的方法，堪称一个伟大的发现，一个尚未被人们充分认识的伟大发现。

谓"致虚极，守静笃"，好比是在一个适当的区间把意识之门的控制按钮从"开"这一端朝向"关"一端推移，由意识主控模式进入到无意识主控模式，进入一种极为放松、似睡未睡的状态。对于普通人来说，偶然进入这一状态并不难，而要深入至"虚极""笃静"，并能守住和自由出入，则非长期修炼不可，同时还需要具备一定的天赋。

# 第六节 孙式太极拳道功导引图

## 潘陆原 邱 嵩 王江波
## （孙式太极拳第四代传人）

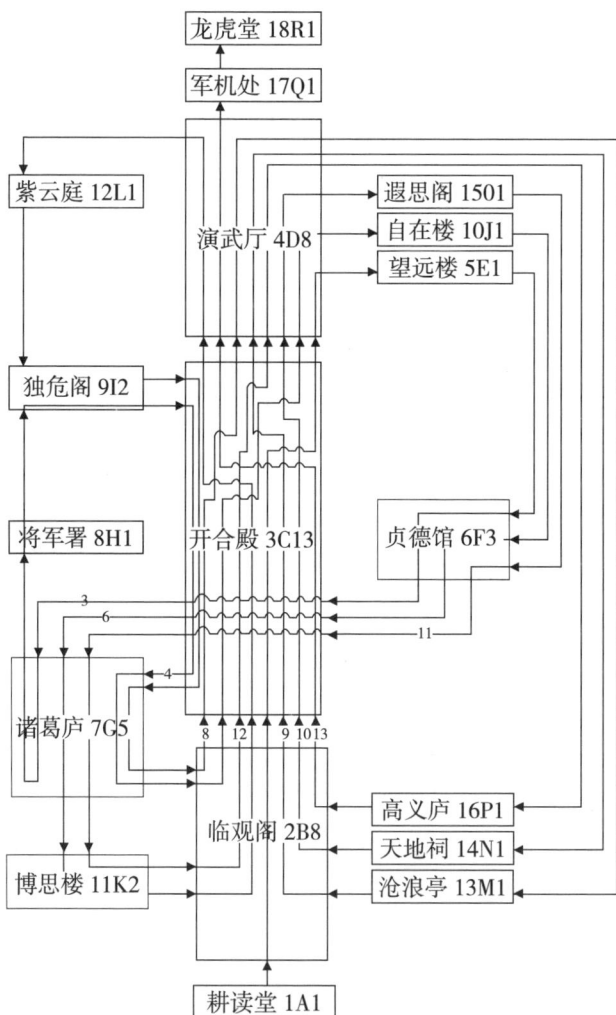

龙虎堂 18R1

军机处 17Q1

紫云庭 12L1

演武厅 4D8

遐思阁 1501

自在楼 10J1

望远楼 5E1

独危阁 9I2

将军署 8H1

开合殿 3C13

贞德馆 6F3

3

6

11

4

诸葛庐 7G5

8  12  9 1013

临观阁 2B8

高义庐 16P1

天地祠 14N1

博思楼 11K2

沧浪亭 13M1

耕读堂 1A1

图 7-6-1 孙式太极拳道功导引图（1）

太极拳心解
三十年道功修习体悟

| 养开合 | 第一开合：A-B-C |
|---|---|
| 养开合 | 第二开合：D-E-FC |
| 养开合 | 第三开合：G-H-I-C |
| 养开合 | 第四开合：G-B-C |
| 养开合 | 第五开合：D-J-F-C |
| 养开合 | 第六开合：G-K-B-C |
| 年主开合 | 第七开合：D-L-I-C-G-B |
| 用开合 | 第八开合：C-D-M-B |
| 用开合 | 第九开合：C-D-N-B |
| 用开合 | 第十开合：D-D-O-F |
| 用开合 | 第十一开合：C-G-K-B |
| 用开合 | 第十二开合：C-D-P-B |
| 用开合 | 第十三开合：C-D-Q-R |

图 7-6-2　孙式太极拳道功导引图（2）

# 第七节　廖白先生语录

## 廖　白　述　张大辉　整理

　　孙式三拳轻灵不见形。孙式武学，不在猛烈嗔恨，而在修为。轻重皆果，并举方为真功。功夫上身，不染浊力。古人言：一入化劲，技巧消失。高妙武学如艺术之美，其真刹那感动人。形意打实不打虚，此是实战高妙意。练功要自然，不求力而力至，不求气而气至。内家高手实战中必带猴形，灵而巧也。无劲要求劲，有劲不用劲。中华拳道最大特点"沾粘控"。

附 录

# 附录一　北京市朝阳区区级非物质文化遗产代表性项目孙式太极拳传承人名录（部分）

**创 始 人**　孙禄堂（1860—1933）

**第二代传人**　孙剑云（1914—2003）

**第三代传人**　张大辉（1964—　）

**第四代传人**（64人，截至2020年10月31日）

| | | | | | |
|---|---|---|---|---|---|
| 张殿山 | 王　海 | 冯纪华 | 张跃刚 | 胡凌清 | 张建伟 |
| 范学忠 | 刘爱民 | 韩　斌 | 姚　静 | 释法钢 | 张志刚 |
| 温月芳 | 任世军 | 何　敏 | 杨永岗 | 芮建华 | 释藏光 |
| 陈体庆 | 王卓峰 | 崔为民 | 郭玉强 | 张永旺 | 柴永刚 |
| 吴小山 | 许仁昌 | 张胜利 | 李鹏亮 | 刘继川 | 赵奇胜 |
| 李鸿亮 | 奚国防 | 哈丹呼 | 李学峰 | 李红军 | 肖家辉 |
| 韩　冬 | 莫美萍 | 罗实劲 | 汤胜军 | 钱永嘉 | 田铁兵 |
| 吴海宙 | 钱永庆 | 张业涛 | 苏胜铎 | 庞雪枫 | 李　亮 |
| 薛生文 | 李　华 | 陈　理 | 胡勇刚 | 张建峰 | 刘伟见 |
| 张春波 | 王海滨 | 王秀平 | 国敬华 | 王　凡 | 宋剑彬 |
| 宁玲颖 | 张一凡 | 张一川 | 石力恒 | | |

**第五代传人**（99人）

| | | | | | |
|---|---|---|---|---|---|
| 杨万年 | 杨桂枝 | 白　晔 | 罗瑞峰 | 程英杰 | 单秀坤 |
| 姚彦军 | 白文成 | 李福刚 | 王树学 | 车志军 | 李宏元 |
| 郝春龙 | 商慧来 | 刘福俊 | 张振强 | 马龙彪 | 庞　鐔 |
| 范立军 | 牛占龙 | 章　键 | 王欣然 | 王艺 | 张然 |

| | | | | | |
|---|---|---|---|---|---|
| 刘朝星 | 劳国军 | 唐 巍 | 胡卫芳 | 徐浩强 | 储小军 |
| 章 毅 | 黄志红 | 路 鹏 | 刘素素 | 李 智 | 孙 鹏 |
| 刘 强 | 黄中强 | 李 卫 | 张 佳 | 张建芳 | 张 芳 |
| 白建军 | 单 春 | 张 鹏 | 张鹏野 | 王淑妍 | 王文强 |
| 朱文武 | 孔令涛 | 王建武 | 刘双刚 | 李 辉 | 胡培贤 |
| 范军亮 | 郭建强 | 李 阳 | 王 伟 | 王 平 | 李春红 |
| 倪楠楠 | 张克敏 | 张博森 | 俞宇辉 | 魏志强 | 隋立江 |
| 黎 明 | 张 杰 | 张敏芷 | 芮泽文 | 李师镝 | 刘尚竹 |
| 杨博然 | 李春豪 | 李泽铭 | 魏相春 | 尹巴特 | 张荔枝 |
| 于 淇 | 曲 直 | 张博雯 | 肖越之 | 李一丁 | 朱泽然 |
| 马 航 | 杨 静 | 梁润梅 | 侯建军 | 李宏伟 | 王新宇 |
| 赵晓宁 | 刘彦伟 | 张晋萍 | 黄文祥 | 李思然 | 闫东升 |
| 贾振东 | 郭海燕 | 张双庭 | | | |

## 第六代传人（32人）

| | | | | | |
|---|---|---|---|---|---|
| 刘振纲 | 孙 震 | 孙国政 | 白晓燕 | 赵彦松 | 爱 华 |
| 王 东 | 王秀清 | 赵世成 | 高 哇 | 朱伯棣 | 魏雨晴 |
| 李寿恒 | 隋佳航 | 张炳杰 | 王芝玉 | 杨 进 | 王志强 |
| 蒋国强 | 于 鸿 | 袁凯民 | 刘素华 | 郭锐锋 | 袁国军 |
| 阿拉坦其其格 | | 付建华 | 赵振江 | 刘春吾 | 路 迪 |
| 齐 智 | 闫鹏飞 | 刘明廷 | | | |

# 附录二　孙式张支太极拳道功传承人名录（部分）

**创　始　人**　孙禄堂（1860—1933）

**第二代传人**　孙剑云（1914—2003）

**第三代传人**　张大辉（1964—）

## 第四代传人（51人）

（一）道功文武品

| | | | | |
|---|---|---|---|---|
| 王　海 | 释法钢 | 胡凌清 | 姚　静 | 王国华 | 冯纪华 |
| 张跃刚 | 释藏光 | 陈体庆 | 惠　鑫 | 张建峰 | 王卓峰 |
| 许仁昌 | 刘继川 | 柴永刚 | 罗实劲 | 肖家辉 | 张业涛 |
| 潘陆原 | 王卓岗 | 哈丹呼 | 范学忠 | 任世军 | 吴小山 |
| 王　凡 | 张一凡 | | | | |

（二）道功文品

| | | | | |
|---|---|---|---|---|
| 张建伟 | 韩　斌 | 温月芳 | 张志刚 | 赵奇胜 | 张永旺 |
| 郭玉强 | 王江波 | 邱　嵩 | 汤胜军 | 田铁兵 | 刘伟见 |
| 王海滨 | 魏韵农 | 韩　冬 | 张一川 | 石力恒 | |

（三）道功武品

| | | | | |
|---|---|---|---|---|
| 张殿山 | 刘爱民 | 杨永岗 | 李学峰 | 李红军 | 苏胜铎 |
| 庞雪枫 | 张春波 | | | | |

## 第五代传人（41人）

（一）道功文武品

| | | | |
|---|---|---|---|
| 张　然 | 章　键 | 刘福俊 | 杨桂枝 | 罗瑞峰 | 商慧来 |

白建军　隋立江　王悦之　王文强　李　辉　孙　鹏

张双庭

（二）道功文品

杨万年　马龙彪　庞　鐔　白　晔　白文成　李宏元

刘双刚　王淑妍　王　平　李春红

（三）道功武品

刘朝星　劳国军　唐　巍　胡卫芳　徐浩强　李　卫

张　鹏　朱文武　孔令涛　胡培贤　范军亮　郭建强

李　阳　王　伟　倪楠楠　张克敏　张博森　李福刚

# 附录三　孙式张支太极拳、孙式太极拳道功助传亲友名录（部分）

（排名不分先后）

白云玲　白云红　张紫文　张会文

王　欣　李　群　王国华　张培武　袁海存　王　萌

唐艳华　彭颖淳　张羽玲　高　寒　谷立恒　李树田

李　韬　许　萱　吴旭红　杜珊丽　陈小娟　王旭东

王艳玲　王玲玲　李小伟　李保恩　高涵信　孟绪超

罗荣怀　王向阳　杨尤昌　魏金钟　黄小峰　李晓峰

邵长华　姚　远　姜仕生　张　军　王小平　修德亮

杨胜群　张进成　谢富原　张亚平　李志强　刘素梅

李香波　李海月　姜　波　李　健　郑捍东　于　荣

| | | | | | |
|---|---|---|---|---|---|
| 张　媛 | 刘毅萍 | 王礼健 | 田鹏健 | 武洪臣 | 禹文松 |
| 胡凌燕 | 杜　洋 | 王　成 | 刁　鹏 | 朱家林 | 周安鲜 |
| 沙　明 | 陈太栋 | 路万春 | 刘和佳 | 刘　杰 | 亢呼生 |
| 翟玉龙 | 金克宁 | 张卫民 | 黎宛冰 | 李联生 | 李建新 |
| 苑多然 | 张益民 | 宫邦友 | 梁国海 | 常学刚 | 蒋亚明 |
| 琪木德 | 李金光 | 邓　璇 | 郑一材 | 杨丙德 | 刘彦龙 |
| 線金伟 | 马树怀 | 贠艳丽 | 耿　宁 | 刘喜荣 | 姚　君 |
| 杨联贵 | 仰艳冰 | 温凯胜 | 贾俊英 | 王　旭 | 闫长明 |
| 张华堂 | 徐林旗 | 来永明 | 张武忠 | 邰志强 | 郑永平 |
| 谭鸿鑫 | 崔建英 | 许清林 | 郝志杰 | 张权印 | 孟祥华 |
| 罗顺田 | 乌云其木格 | | 王宝金 | 李　光 | 李　明 |
| 张佳亮 | 吴文红 | 张佳伟 | 石全华 | 张佳爽 | 张佳生 |
| 张佳宁 | 张丽丽 | 唐　琨 | 张一菲 | 孟祥荣 | |

# 附录四　孙式太极拳道功传奇六篇

## （一）

今天是公元 2020 年 2 月 2 日星期日，我打算在孙式太极拳北人集团俱乐部（孙式张支 2020 年太极文化俱乐部）这个平台，开始从头到尾，慢慢、细细地讲讲孙式太极拳道功。

说到孙式太极拳道功，得先说说孙式太极拳。说到孙式太极拳，还得说说孙氏太极拳，其实这两种叫法的太极拳的创始人都是孙禄堂先生。关于孙禄堂先生，互联网上的介绍如下。

孙禄堂（1860—1933），名福全，字禄堂，晚号涵斋，别号活猴，河北顺平县北关人，孙式太极拳暨孙门武学创始人，中国近代著名武术家。在近代武林中素有"武圣""武神""万能手""虎头少保""天下第一手"之称。

其实，这样的介绍，据我所知，我的老师孙剑云先生是有不同意见的。我从 1992 年开始随孙剑云先生学习孙式三拳三剑，后来又进一步学习孙式太极拳道功。到了道功学习阶段，一天，在剑云先生家中，剑云先生说，当年在东北，徐世昌老先生的总督府中，经徐世昌老先生介绍，孙禄堂老先生结识了许多俄国人和日本人，其中，有许多日本人对中华文化认知颇深，在后来的交往中，日本的许多中华文化研究专家（包括许多著名的武士）称孙禄堂老先生是"文武两道三大雄"，关于这些，互联网上的介绍如下。

1907 年，翰林出身的徐世昌要去东北担任三省总督。他早就听说孙禄堂武艺绝伦、道德高尚、学养深厚，于是聘请孙禄堂去东北做他的幕宾。孙禄堂在京城时也听说这位徐世昌很有见识和学问，修养也高。见面后，两人相互投缘，徐世昌在惊叹孙禄堂的武功出神入化的同时，也极为惊讶孙禄堂的学问之深和修养之高。为了表达对孙禄堂的尊重，徐世昌建议孙禄堂与自己并号。徐世昌自己的号为弢斋，建议孙禄堂用涵斋为号。孙禄堂欣然接受了这个建议，也接受了徐世昌的聘任。

1909 年，孙禄堂随徐世昌返京。此时因孙禄堂武名极隆，来请益或试探高下者每日不绝，然而经过交流或较量后，来者无不赞叹孙禄堂武功绝伦。孙禄堂遂在武林中赢得"虎头少保""天下第一手"之誉。

1918 年 10 月，徐世昌当选民国总统，聘请孙禄堂任总统府武承宣官，直到 1922 年徐世昌下野。

1924 年，孙禄堂出版了堪称武学经典的《拳意述真》一书，前辈宋世荣邀请孙禄堂去山西见面。孙禄堂到太原后拜访宋世荣及山西各地同门。宋世荣精通内功修炼，当目睹了孙禄堂的武功后，在《拳意述真》的扉页上写道:"禄堂仁棣:学于后,空于前,后来居上,独续先宗绝学。"

1926年,孙禄堂开始修习道功,不久孙禄堂之《八卦剑学》出版,阐发慧剑之旨。

1928年3月24日,中央国术研究馆成立,正理事张之江,副理事李景林。4月,孙禄堂被聘为中央国术研究馆的教务主任兼武当门门长。

孙禄堂上任后,作为教务主任立刻着手两件事,一是与正、副理事共同确定教学计划与内容,二是与馆内董事及正、副理事共同商议给馆内各位教师定级。但不久后孙禄堂就发现馆内教师多有军政背景,对自己布置给他们的工作,并不认真执行。当时中央国术研究馆的教师主要由两个系统的人员组成,一个是西北军的张之江系统,另一个是军警的马良系统。张、马两个系统的人员之间存在很深的派系矛盾,而给每位教师定级,又涉及每个人的切身利益。由于孙禄堂是知名国术家,既非西北军系的人,又不是马良军警系的人,双方都希望借助孙禄堂来顺利给自己系统的人定级。孙禄堂不想被卷入其中,因此上任不到两旬,5月下旬便正式向馆方提出辞呈。孙禄堂去意已决,李烈钧、张之江、钮永健、李景林等人苦留不住。由于李烈钧、张之江、钮永健和李景林等人对孙禄堂先生的武艺、学识和人品极为钦服,因此李烈钧、钮永建决定出面,成立江苏省国术馆,请孙禄堂全面主持江苏国术馆的教务工作,并于6月1日召开了筹备成立江苏省国术馆的董事会。

1928年7月1日,江苏国术研究馆正式成立,同一天,聘孙禄堂任该馆的教务主任。8月,国术研究馆更名为国术馆。12月,各省国术馆统一组织设置,设立教务长,教务长之下设教务主任,教务主任之下设教习,教习之下设助理教习,助理教习之下设练习员。同年12月9日,聘任孙禄堂为江苏省国术馆教务长,后为副馆长。

孙禄堂在江苏省国术馆任职3年多,这是由于江苏省国术馆的办学宗旨与孙禄堂的武学思想比较接近。江苏省国术馆办学宗旨是:①倡导国术的作用在于恢复中华民族的生命力，这种生命力体现在心力与体力两个方面，两者的关系相辅相成；②提出江苏国术馆成立的意义在于使人民认识到国术便是中国固有的"提升生命力的艺术"，同时要把这"生命力的艺术"输送到全民的生活中去；③反对并轻蔑好勇斗狠，提倡通过拳术造就的刚勇是为了守卫和平的思想，提出"刚勇和平"的馆训。后来在张之江和李英石的再三邀请下，孙禄堂每月又在中央国术馆和上海俭德会兼课。

孙禄堂反对门户之见，认为把内家、外家与武当、少林联系起来是毫无根据的，他在《论拳术内外家之别》一文中指出："无论武当、少林，凡得中和，善养浩然之气者即为内家。"也就是说，拳术只有是否合乎中和这个道理之分，合乎中和者，不管形式如何，都是一家。孙禄堂率先倡导国术的统一，引领着当时的国术运动向正确的方向发展。孙禄堂在上海收徒时立下"三严三同"的规矩："凡我弟子，均应做到三严三同。三严即严格锻炼，严格要求，严守武德；三同即同门之内，同门之外，同道之间，应一视同仁，反对派别倾轧。"又说："拳为强身养心之道，也是自卫除暴之术。久练功成，自然罡气内布，力量神奇。然而此时更要严守武德，不可轻易动手伤人。倘遇强徒横行，则务必不畏强暴，挺身而出，予以整治。"

孙禄堂在南方期间，还与李景林先后组织、主持了历史上规模最大的两次国术擂台大赛（浙江省国术游艺大会和上海国术大赛），倡导技击实践。孙禄堂任浙江省国术游艺大会筹备副主任和副评判委员长以及上海国术大赛评判主任。两次大赛中名列前茅者，几乎一半都是孙禄堂的弟子、学生。时论这两次大会的武技以李景林之剑、孙禄堂之拳最为精湛。两次大会中，众多国术名家的武技表演被拍摄成纪录片，片名《李景林之剑、孙禄堂之拳》，为后世留下极为珍贵的武术资料。

这两次擂台比赛不仅震动全国，而且波及海外，日本武道界也高度重视并研究了这两次比赛。他们从全日本筛选出五位技击格斗高手，来中国再次挑战孙禄堂这位中国武术界的象征性人物。他们知道孙禄堂多年前曾轻取板垣、彼得洛夫等日、俄高手。

这天，日本这五位格斗高手和一位日本领事馆的翻译来到孙禄堂的住处，向孙禄堂提出挑战。孙禄堂决定以一对五。由于这五位日本格斗高手都擅长地面固绞技术，为了让他们以最擅长的技术与自己较量，孙禄堂说："我躺在地上，你们五个人以任意方法按住我，剩下一个人喊到三，如果在三个数之内我起不来，就算你们赢了。"几位日本人觉得这是个玩笑，最后经孙禄堂再次确认，他们同意按这个方法比试。于是，孙禄堂平躺在地上，最魁梧的一个骑在孙禄堂身上，双腿将孙禄堂的身体盘住，并用双手锁住孙禄堂的头；其他四人，以他们各自的方式固锁住孙禄堂的四肢。只听得："一，二……"三字尚未出口，只见孙禄堂一跃而起，五个日本人都被放出两丈外，扑倒在地，一时竟未能起身。孙禄堂将他们一一扶起，他们惊诧万分。第二天，他们又来到孙禄堂的住处，这次多了两个人，一共八个人，除了昨天六个人外还有两个是日本领事馆的官员，他们说日本天皇邀请孙禄堂去日本教授武技，每月报酬达两万块银洋，请孙禄堂至少去一年。孙禄堂说："我老了，哪儿都不去了，如果你们想研究我国的武术，可以与国术馆联系，那里的教师更年富力强。"从此孙禄堂被日本武道界尊为武圣，被称为"文武两道三大雄"。

互联网上的说法如上所述。其实，说到不同意见，剑云先生还是更赞同"文武两道三大雄"的说法，这也是孙式太极拳道功的最初创制源头。

孙式太极拳道功的第三个创制源头是徐世昌老先生。徐世昌老先生是中华民国的第四任大总统，人称"文治总统"。徐世昌老先生和孙禄堂老先生并号，以朋友论交，交情匪浅。据剑云先生讲，孙式太极拳道功的整体规划和要素提出，徐世昌老先生功不可没。这个请大家在随后的道功学习中慢慢品味。

孙式太极拳道功的第三个创制源头便是蒙古密法。我的太姥爷的父亲、太姥爷（二人为父子师徒）和我姥爷（与我太姥爷是翁婿师徒）三代人均系蒙古族文化学者，孙禄堂老先生随徐世昌老先生在东北期间，他们就在文化交往中结下深厚友谊，这也是我后来成为孙剑云先生弟子的重要机缘。蒙古密法讲求"整、觉、象、明、了、色、空"，极重意形结合在身心修为中的作用。

这三大孙式太极拳道功创制源头在孙式太极拳道功"武者文风，书院随身"的主导原则下，在孙式太极拳道功三大组成（无极禅定、太极冥想、书院行功）部分中，均有投射影响（影像）。请大家记住我的话，慢慢在随后的学习中品味。今天（2020年2月2日，星期日，下午17点41分）先说到这儿。

## （二）

今天是2020年2月3日星期一，第二次讲述孙式太极拳道功传奇。

准备讲述道功已经是若干年前的事了。大约十年前，我的好友张卫民先生即要求我讲，我当时总觉得没法讲。现在，讲述的动力之一来自年前北京市朝阳区区级非物质文化遗产代表性项目孙式太极拳（以下简称"非遗孙太"）第五代传承弟子（以下简称"五代传人"）张然的来访。这是农历年前的一个晚上，张然、我、唐大夫三个人聊了近三个小时，我发觉心中有一点亮光。这点亮光是什么呢？我给大家伙做一个比喻吧：如果说道功好比是一座山，孙式太极拳道功就是这座山上的一个园子。当然还有许多其他园子，比如蒙古密法也是山上的一个园子，不过在当代，孙式太极拳道功这座园子更引人注目！张然带来的这点亮光指的是主宰孙式太极拳道功这座园子的师爷孙禄堂老先生，还有我的老师孙剑云先生等先贤们的上天之灵告诉我，在园子周边发现了张然的身影，叫我赶紧去招呼招呼，看看这小伙子什么意思，想了解些什么。张然当晚说了些什么呢？他说，一年多的孙式太极拳道功的学习经历解决了他和他爱人的一些思想问题……这番话很打动我，我觉得我老师孙剑云先生当年讲的也是这个意思。因为剑云老师说孙禄堂师爷晚年几乎和所有来访的人都这样说："跟我学拳，想打天下第一，您另请高明；若想健益身心，这套拳绰绰有余。"剑云先生说，孙禄堂老先生很是遗憾，很多人并不了解他这句话后面的意思，她本人也是很晚才大致了解此中的些许意境。我随剑云先生学三拳三剑和道功时已是1992年了。剑云先生1914年生人，近80岁的老人家了，这样说，肯定是十分的谦逊，我现在尤其觉得是。

动力之一还有多年的俱乐部环境。国内的孙式张支太极文化俱乐部号称有十几家，但在我看来，有许多已形同虚设了，一年的活动次数有限，我是所有这些俱乐部的负责人或名誉负责人，我当然是有责任的。但北京这家俱乐部坚持了下来，到今年（2020年）1月，已经活动88次了，每月1次，从未间断。这当然得力于几位兄长（大名在此不一一列举）的大力支持。我私下经常感慨，他们不是正式的"非遗孙太"传承弟子，但所作所为俨然正式弟子一般。

在这个平台上，孙式太极拳经历了普及型、专业化型，以及现在正在进行的艺术化型，艺术化型其实就是道功的开始。大家多年来齐心协力、共同演练，到现在，我们正在道功三大部分之书院行功环节上。三大部分其实没有孰先孰后之分，这个也请大家记住，道功既然健益身心，其实不在多寡，而在于认知。我为什么对张然的认知感觉到一点亮光，其实就在于这心里一通。另外让我产生心里一通这种感觉的是章键（"非遗孙太"五代传人）在2019年冬季建德之行中的发言，此行有海兄贤棣（"非遗孙太"四代传人）、仁昌贤棣（非遗孙太四代传人）、章键又贤棣（"非遗孙太"五代传人）、唐大夫和我，共计五人参加。海兄贤棣退休后曾在千岛湖畔营建汇贤阁，2014年春夏之交，"非遗孙太"第三、四、五代数十传人曾于此汇贤阁中共得孙式太极拳道功三体万物建德七字要诀（推、拉、沉、合、顶、挺、撅），亦是一时之盛事。又是在2019

孙式
太极拳心解
三十年道功修习体悟

年冬季一天下午，临近晚饭时分，我和章键等上述五人亦是于此汇贤阁中，畅谈孙式太极拳道功若干细节。章键的发言突然让我心中一亮，如同张然使我心中一亮之感觉。当时章键大概说道："这个'87377'的结构，胜过打人多多矣，我就学这个。"于是我心中一亮，这也成为我邀请章键于千里之外加入北京这个俱乐部的原因。虽然不能月月来，但心于千里之外相通，于孙式太极拳道功在浙江发展早做未雨绸缪，吾心中已有主意了！愿章键又贤棣在海兄贤棣和仁昌贤棣的关怀爱护下平稳成长！

去年盛行的量子纠缠让我想到王伟长兄。王伟长兄（曾任上市公司新安化工董事长多年，建树颇多）是海兄贤棣的亲兄长，我每次去，总蒙伟长兄的盛情款待，我见后总有久违的家人一般的感觉，每每念起，不禁留恋。所谓"量子纠缠"就是指伟长兄虽然不修习孙式太极拳道功，但恍然如同修习一般。伟长兄2019年冬季建德之行中最著名的一句话就是："上市公司是脱胎换骨。"这句话我总想讲给上市公司中简科技董事长杨永岗教授（"非遗孙太"四代传人）听，但一直未果。这段话，我想说的是，如若您修习道功，就能在与人的相识之中感觉天下相知甚多，不孤独，总之有利于与人心相通同。

这个相通同其实靠的是智慧，而这个智慧，古今中外无人不知、不晓，但做起来千差万别。这个智慧在孙式太极拳道功中就是"87377"中的开合殿，这个开合殿，在孙式太极拳道功中就喻指人类的智慧，由4个要素支撑，即谛听良久、西伯思贤、开门观远、掩门待贤，进一步暗喻思想、任贤、视野、胸怀。18类风格、情怀中的任何一类，都可作出这类比附，作为我们在孙式太极拳道功修为中的文化提升，亦是孙式太极拳道功最终境界"文武两道三大雄"中的文义探讨和文化解析。

说到"文武两道三大雄"之为孙式太极拳道功源头之一，今天（2020年2月3日星期一）上午接到陈体庆贤棣先生（"非遗孙太"四代传人）的微信回复，我完全赞同。"文武两道三大雄"之所以成为我老师剑云先生比较同意的说法，因为孙禄堂老先生是当之无愧的他那个时代圣人级别的文化佼佼者。他由武学出发，经儒释道陶冶，会同当时涌入中华之各派学术，辩证究竟，而至国内外中华文化学者共同认可，成为修养身心的文化圣人。

当代，有些孙禄堂先生文化思想研究者称，孙禄堂先生武学文化的真传已经丢失，我并不完全赞同。孙禄堂老先生当年惊世骇俗的技击技艺或已不再，但武学文化和武学技艺是有区别的。当下，我们虽然还有诸多疑惑和不解，但多年修习孙式太极拳道功之无极禅定所追求的净、修习太极冥想所追求的静、修习书院行功经历 377 个情形所追求的敬，让我们在当下生活、学习、工作中受益匪浅，自觉生起对智慧向往的些许信心。

在孙式太极拳道功之三大部分中，我们从无极禅定所习得之净，引导我们在绝对之中寻找自己的位置，渐知我们自身智识之渺小！从太极冥想中习得之静，让我们认知自身在向圣人、贤人学习、走近之时，省察自身的许多不堪！三大部分之书院行功之中，87 个传统式子，让我们和以往（如五大传统流派太极和 129 种已知的中华武术）沟通，回顾来径。12 种风格、18 种情怀值得我们踽踽独行、僧敲月下、势定乾坤地去获得些许智慧，再在当下生活、学习、工作中踌躇思绪、携鞭初探般文武两用（开合殿的三入和两出所喻）。经历 377 个要素喻指经历年（365）、月（12）（365+12=377）而由自己把握日（52 个环节）、时（13 个开合，暗含八卦五行）。这从书院行功中所习得之敬，恐怕是孙禄堂祖师昭示后来人之终究目的。"净、静、敬"三字要诀，是修习孙式太极拳道功旨归所在，我等孙式太极拳非遗传人当铭记之！

# （三）

今天是 2020 年 2 月 4 日星期二，立春日，第 3 次讲述孙式太极拳道功，讲讲孙式太极拳道功如何起手。孙式太极拳道功分为三大部分，细研起来，我个人觉得是博大精深的，但总有入手点，今天就从独危阁说起。孙式太极拳道功起手时，总是先从风格和情怀论起，这是道功和武功的区别之一，会让心境不一样。独危阁作为道功周期练法（即377个要素都顺序经历一遍）的一个环节，在共计52个风格情怀类环节中，占据两个位置，即出现两次。一次是上接将军署，然后（众入）开合殿。一次是上接紫云庭，然后（众入）开合殿；两次情形有别，喻义也不同，请诸位随道功学习次第加深，慢慢品评。说到独危阁，以风格情怀论，人生莫不有之，若能关注之，当有所得。人生中有独危意识固然重要，然临事还需有将军的决断，故在孙式太极拳道功中，还有将军署的设置，占据道功周期练法52个环节中的一个环节。在孙式太极拳道功中，将军署具化为两个要素表征，一个是要素重整河山，一个是要素逡巡而进。重整河山得用武，逡巡而进不能离文。我这里肤浅解之，诸君自忖其意可也。道功由武功而来，以下略述分别。

要素重整河山上按诸葛庐之要素繁华落幕，其实这两个要素都是要素三体万物之变体。学者宜记之，既是变体，当遵从三体万物之建德七字要诀"推、拉、沉、合、顶、挺、摁"。这两个要素转换时，前手之劲别变推为顶，后手之劲变摁为扶，腰部塌顶变为活顶，其他诸部劲别暂时维系，不细表。要素重整河山变自要素繁华落幕，其要处全在前脚之一动。若为武功，则这一脚之动，或踢或踏，或捌或采，或顶或勾，或推或拉，全凭情形，惟己之意，务在争胜；若为道功，则这一脚之搁（放），体察虚实，从人由己，实处虚之，虚处实之，变动不居，周流六虚，务在平衡。此道功、武功之又一分别也。

当年张卫民先生陪同黎婉冰女士访孙剑云先生（在微信公众号"七老图山人太极书院"中有相关记述），婉冰女士是这样记述她与剑云先生的握手的："老太太对我颇亲热，用双手团起我的手，我的手顿觉包裹在一团蚕丝中。一位80多岁老太太的手，如此柔软，完全没有老年人的嶙峋骨感。暖气充盈，如触无物，那感觉十分奇异，似乎时光倒流。我诧异得无以言表。"

这其实就是道功的表现，我个人也深有体会。当年高等教育出版社拍摄《孙式太极拳》录像，我陪剑云先生示范孙式太极拳推手时，便有无法相施、进退失据、偶有顶劲、不免仓皇之感（详见微信公众号"七老图山人太极书院"中相关记述）。

张卫民先生是这样评价孙剑云先生和孙式太极拳道功的："剑云先生是难得一见的中国武术的标本。内家拳是好东西。内家拳的道理很象卡尔维诺的一句话：'虽然有重量，但却掌握轻盈的奥秘。'"

道功的境界确实美妙，但通往道功的路径却是曲折的。经过在北京这家俱乐部88次的孙式太极拳道功学习实践，我们也摸得些许方法。比如，形而上，我们就以"七步九点论"思考之；形而下，我们就以"五心八节论"行之。数年以往，略有雏形，孙式太极拳道功当以武品、文品、文武品论之。则恕我直言，如张殿山贤棣先生、刘爱民贤棣先生、杨永岗贤棣先生、李学峰贤棣先生、李红军贤棣先生、李成贤棣先生、罗瑞峰又贤棣先生等武技超群，属当代一流、超一流或近一流，虽属道功仍在武品。如张建伟贤棣先生、温月芳贤棣女士、韩斌贤棣先生、刘伟见贤棣先生、王海滨贤棣先生、杨万年又贤棣先生等习武得文，显名当世，文武通才，虽属道功仍在文品。其如文武品者，释法钢大师贤棣、胡凌清贤棣女士、姚静贤棣女士、释藏光大师贤棣、王海兄贤棣先生、冯纪华兄贤棣先生、陈体庆兄贤棣先生、张跃刚兄贤棣先生、范学忠贤棣先生、任世军贤棣先生、王卓峰贤棣先生、许仁昌贤棣先生、刘继川贤棣先生、柴永刚贤棣先生、吴小山贤棣先生、肖家辉贤棣先生、罗实劲贤棣先生、张业涛贤棣先生、张建峰贤棣先生、潘陆原贤棣先生、杨桂芝又贤棣女士、刘福俊又贤棣先生、张然又贤棣、章键又贤棣等，友人李群长兄先生、王欣大姐女士、王国华兄先生、王萌兄先生、张培武兄先生、袁海存兄先生、谷立恒兄先生等，俱在道功文武品，乃禄堂祖师和剑云先师等先贤所希冀者也。

俱乐部诸位参与成员，俱以上述人等为榜样，修习孙式太极拳道功，则幸甚！噫！微斯人，吾谁与归？

# （四）

今天是 2020 年 2 月 5 日星期三，已经讲了三次孙式太极拳道功了，上午接到陈体庆兄贤棣先生看过三次讲述后关于孙式太极拳道功的回复微信，收录如下。

师傅您好！

首先感谢您对我的器重，让我能较早拜读关于道功方面的内部文章，并征求意见。您对我的评价过誉，甚不敢当。我非常敬重您如此谦谦君子之道，故敢以第三者身份浅谈感想。

1. 关于"道"

道家将"道"描述为是有非有，是无又有，强名曰"道"，是追求的至高境界。释家如《金刚经》所述，"无我相，无人相……"，也是追求的至高境界。儒家中庸，不执著，不偏颇，自然而然。我赞同三教合一的观点，其语境和出入世不同，描述有别，但感悟是一样的，我们姑且称其为"道"。

2. 关于"道功"

我认为道功是人们实现"道"这个目标的原则、途径、方法和所下的功夫。常曰：人法地，地法天，天法道，道法自然。广义看，各行都有道功。如医道、丹道、书画之道、商道、为人之道、剑道、武道，等等。先修身炼己，再事于道。因各人身心差异，背景、机缘不同，修炼方法和所下功夫不同，结果大不相同。同等条件、同样结果时，采用科学的方法，时间和过程最短。师祖在以拳合道的过程中，融医、丹、书、释（含蒙密）于拳，上升至文化层面，并指导武学，使孙式武学成为中国文化的一个载体，以致曲高和寡，连梁漱溟先生都未必能理解（"形意拳之中忽杂以八卦拳家之言"）。结合自己的粗浅了解，由道家入手，通常经四步十六环节，各有证候，且需法、财、侣、地，明白百日筑基先筑心基。释家或观或参禅或四禅八定或密，等等。个人认为密宗心、口、意同在，上手快，是最重要的科学方法之一。除个人因素，还需名师。

冒昧以为这里的道功特指孙式张支太极拳将拳合以蒙密，再总结，以蒙密之法指导于拳。不知当否？

弟子体庆于三亚　　2020 年 2 月 5 日

其实体庆兄贤棣的这个疑问，即"冒昧以为这里的道功特指孙式张支太极拳将拳合以蒙密，再总结，以蒙密之法指导于拳。不知当否？""非遗孙太"四代传人杨永岗教授在北京这家俱乐部的某个年会上做典型示范发言时也曾有过类似的表达，不过，杨永岗教授当时不是疑问，而是十分肯定的推断，大意是：这套孙式太极拳道功是老师独创的。这里的老师即指我本人。

这件事已经发生几年了，我一直想找个时机向大家说明。今年一月份，我的师姐于卓女士在海南休假时，曾给我发微信，如下。

师弟好。我在海南休假，三月底回京。接触了道医武术的抖功，记得见过师弟有秘传孙门抖功，方便时请指教，先谢谢啦！不知道师弟有视频么？我在海南先自己练，自娱自乐，这是道医内功。

我的回复如下。

师姐，等您回京，我再仔细向您汇报细节部分。孙式太极拳道功精细无比，妙趣横生，是太极拳中的珍品！咱们孙式太极拳，号称"文武两道出三品"，即文品、武品、文武品，道功三品齐备，健怡身心，确实是咱们祖师爷的独创。您能知悉此艺，看来老师当年也向您说起过。老师当年嘱我，择时择人传授此艺，我一直牢记在心。等师姐回京，我当面奉上求教即是。

我本来是计划等师姐于卓女士回京后，抽时间当面和于卓师姐谨慎求教此事，并探究一些细节问题，但这次新型冠状病毒肺炎疫情可能会对此事有影响了。今天下午，体庆兄贤棣先生又发来微信，内容如下。

师傅您好！我八十年代初习研气功，涉广且浅，九十年代初接触、学习孙式拳。在见到原著之后觉功理方面与道书相通，共鸣震撼，对所描述的功能及功德甚是理解，对功法、功力尚不可及。尊您之意，恕晚辈直言。跳出本门及本支而视孙式太极拳道功，其在本支内来源清晰，经总结、研究、实践，必一枝独秀开盛花、结硕果。但从公开资料及原著来看，其在广义孙门内外支撑有限。换句话说，亦可从丹道或其他角度摸索、理解、验证和指导习拳，只是非悟性好、持之以恒者，难得入门之法，且过程、时间可能很长。从孙门现状看，以张支为名出现，已没有对外解释与宣传的必要，只需未来以广泛结果验证即可。唯一建议的是，对内如再拓宽、说明则更好。因没能充分理解和跟上您的思想，妄言了，请见谅！

于是，我想借助与体庆兄贤棣先生和于卓师姐的微信往来，将一些打算择机讲的关于孙式太极拳道功的一些细节，借用第四次孙式太极拳道功讲述的方式试着说一说，看能不能尽量多讲一些，或者尝试将孙式太极拳道功的来源讲清楚一些。

在我看来，孙式太极拳道功是孙式太极拳的核心机密。大家伙儿想想，孙禄堂老先生在他那个时代被视为神仙一样的人物，我的姥爷曾这样亲口和我说过，他的老师（我的太姥爷，在前文中，我称他们为翁婿师徒）也曾这样对他说过，而且还说，他的师爷（我太姥爷的父亲，我在前文中称他们为父子师徒）更是对孙禄堂老先生高度赞誉，说法也同时人仿佛。难道仅仅流传的五本拳学著作《形意拳学》《八卦拳学》《八卦剑学》《拳意述真》《太极拳学》就能够代表孙禄堂老先生的全部学术成就吗？！我的老师剑云先生就认为不完全是这样。我自1992年师从剑云先生系统学习孙式三拳三剑和道功后，就渐渐认识到先师所言极是。剑云先生所展现的功夫让黎婉冰女士、张卫民先生（一次上网浏览，一位媒体人士似乎也有这样的经历）等许多与先师仅有一面之缘的友人感慨不已、叹为观止，我相随十余年，更是觉得气象万千。

我曾这样感而慨之。孙式太极拳，综合流派，沉思精酿。参武当，访少林。采形意，合八卦，证太极。据易品道，推陈出新，卓然独立，自成一家。孙式太极拳，与武与文，皆得要义。与武，头、首、肩、肘、胯、膝、足，呈"三九"安排，并和精神相协，可谓联动备至、精到无比；与文，一理、二气、三才、四象、五行、六合、七星、八卦、九宫，要言之为九点论，可称理法谨密、结构森严。文武相统，与时偕进。孙式太极拳，是武学，也是道学。

这是我当时的真实感受。当下，我正向六十而去，愈发觉得孙式太极拳学，尤其是孙式太极拳道功是中华文化之瑰宝。所以，我才想用这样的方式，或竭尽我之所能，用心与社会交流这门中华文化之宝贵具象，以示不忘初心。

孙式太极拳道功是孙剑云先生的心血结晶，这门学术的基础是孙禄堂老先生的毕生武学实践，尤其是其仙去前十年的文化总结。这些总结并没有完全包括在老先生的五部著作之中。一些未成文的，但很系统的笔记，我曾在剑云先生家中亲眼见过，剑云先生也曾让我收藏部分（我当时在清华求学，搬家过程中曾寄存在一些关系要好的师兄家中）。当今这部书稿的源头就是这些资料。

在十余年的师从过程中，我曾数次问到，这些细节为什么不向更多的师兄弟们或嫡系亲属讲，剑云先生玩笑式地回答："都给说成奶奶样喽。"我便不再问。大家伙儿细想，也许会有类似问题。我今年到了这个年纪，与当年（1992—2003）相比，心里不觉一沉。我自己做得如何呢？剑云先生是不是在告诉我们所托必有人呢？希望大家把握。

说到这里，我想跟体庆兄贤棣先生这样说：道功就是拳功的细化，这个细化也可以说是艺术化，而真正的艺术品哪有重样的！所以，真正的艺术是无法普及的。但关于孙式太极拳道功艺术的影响可以普及去讲，而传承必然在一小部分人，毕竟艺术是稀缺的。孙式太极拳道功也有普及化的形式，我们现在推广的"十五式办公室太极拳"，就是孙式太极拳道功的普及版。但普及也并非一般意义上的普及。关于这个说法，"非遗孙太"四代传人冯纪华兄贤棣先生（孙式太极拳道功的当代重要传承人）就看出来了，并且还说给了姚会长（"非遗孙式"太极道功第四代重要传人姚静女士）听。这位兄长有很好的这方面的总结材料，特别成体系。在我看来，纪华兄贤棣是当之无愧的孙式太极拳道功传人，希望纪华兄在传承方面（如教授后代弟子学生等）能有所成就。


# （五）

今天是2020年2月7日星期五，今天的第五次孙式太极拳道功之讲述的缘由是潘陆原贤棣先生，我于夜中梦境突然忆起陆原贤棣所发微信的3段话。详录如下。


老师，恕小可直言。

开始用"话说啥啥"似不妥，像说书讲故事。故事为了引人入胜，总有不可靠的成分，可以理解。但老师是第三代传人，就算是听说的，也是剑云先生所述，都是事实，没有故事。建议开始就讲"我的老师剑云先生说……"，然后引出全文，由此达到传言真真假假，真者自真，谣言不攻自破之目的。

蒙古密法与孙式太极拳早期结缘那一段，可引些前辈们交流的记述，使后续老师修习孙式太极拳奠定的基础厚实些，让道功的两个基础融合而发展得长远些。

关于徐世昌老先生，建议慎重，可弱化，阐述背景即可，不宜作为道功源头提及。

小可斗胆直言，万望老师原谅！

另外，"传奇"似不妥，可否直接为"道功鉴""道功记"？小可言语不知深浅，万望老师海涵！

是的。总觉得"传奇"是别人说的，由老师说，则其权威性、真实性、历史性，怎么也得是《资治通鉴》《史记》的量级，题目为"孙式太极拳道功传记"可否？仅供老师参考。小范围讲"传奇"，也挺好的啦！


陆原贤棣文中颇多赞誉之语，表达意见十分委婉，但却十分真挚。我借此第五次孙式太极拳道功讲述，说说我的一些想法。

用"传奇"来讲述，是因为我不能保证每天所讲都十分准确。大家用自己的判断力去衡量我的讲述准确与否即可，这样我的每天的讲述也就基本能轻松自由又有保证了。否则，采用其他形式，我个人觉得有些吃力，所以就偷懒了。另外，与俱乐部诸君相处了这么多年（到目前为止，至少已经88个月了），诸君的判断力我了然于胸。所以，就用了传奇的讲述方式。

我同意陆原贤棣所说的蒙古密法和孙式太极拳的前辈们结缘一事的写法，我在随后的讲述中再慢慢思考、品味陆原贤棣的建议。

关于徐世昌老先生对孙式太极拳道功创制的作用，看过陆原贤棣说过观点之后，我思虑再三，这也是这次孙式太极拳道功讲述的源起之一。陆原贤棣的顾虑其实是有道理的，然而，剑云先生所说，我又不知如何妥善去处理。记得互联网上有许多孙式太极拳文化研究专家写道："1926

孙式太极拳心解——三十年道功修习体悟

年，先生（即孙禄堂先生）得道友关某（失其名，剑云先生称关大叔），每日二人同处一室，共同合道修真。其法，不传六耳。"

自我于1992年随剑云先生修习孙式三拳三剑和道功以来，尤其在孙式太极拳道功修习阶段，剑云先生不止一次和我说："想没想过，孙式太极拳为什么有13个开合手的拳式安排，想不想知道与老先生（即孙禄堂老先生）同修孙式太极拳道功的这位关大叔究竟是谁。"

为什么孙式太极拳98式中有13个开合手？在剑云先生家中看到的资料上写道：

左众右单当面双，背后文武两相帮。

文有五行逻辑恰，武须八方问清爽。

再探源头众数二，单骑八方思来详。

就教高人三喻多，天下当闻道功香。

剑云先生还说：这个说法是孙式太极拳13个开合手的最初源头，要记住并仔细品味。在剑云先生指导下，孙式太极拳道功三大部分之书院行功据此创制。记得当时剑云先生说，这套说辞就是老先生和那位关大叔共同写就的。

那位关大叔是谁？剑云先生说，就是徐世昌老先生。如果大家实在觉得无法理解，就当传奇看好了。总之，这是剑云先生亲口对我说的。虽然，陆原贤棣再三嘱咐，我还是实事求是吧。请大家自行辨别。

还有，昨日第四次孙式太极拳道功讲述后，体庆兄贤棣和纪华兄贤棣的微信回复如下。


（体庆兄贤棣微信回复）师傅您好！将我的看法以第三方的角度阐述给师兄弟看，足见您的胸怀。谢谢您的明示，我已了解了孙式道功的本源。师祖除公开出版的五本书外还有内容是毫无疑问的！其实我的第一个问题在见到您著的书时已有肯定的答案。大道至简，道不远人，指的是成功者的总结，由简而成得大智慧者有几人？

慧能顿悟尚需渐修后出山，况普通人。故得明师、有为法、入门渐修才是科学有效的途径。既诸前辈已践行，晚辈跟着学即是。

（纪华兄贤棣微信回复）会长早上好！刚才学习、拜读了您的心血力作《孙式太极拳道功传奇系列之四》，受教至深！感谢会长的器重与认可！诚惶诚恐，深感差距甚大！我定当竭尽全力，潜心修为，尽心做事，倾我所能，为孙式太极拳道功的传承与发展做好应尽的义务！纪华。

两位兄长贤棣（体庆兄贤棣 1950 年生人，纪华兄贤棣 1957 年生人，都是老兄长、先生级人物）的回复足见其为人、素养和态度的谦逊，所以我还是未经两位先生的同意，将他们所言与大家共同分享参详。因为，我个人总觉两位先生所言十分珍贵，令我受益匪浅，两位先生足为我等之榜样。

# （六）

今天是 2020 年 2 月 10 日星期一，第六次讲述孙式太极拳道功。之前多次提及孙式太极拳道功源自武功。说到武功，在中国的 129 个拳种中，技击性最强的武功绝不是太极拳，这个剑云先生生前多次讲过，单纯修习武功，孙禄堂老先生没有必要修习太极拳，更没有必要更进一步创制孙式太极拳及其道功。剑云先生说，单论技击功能，形意拳和八卦拳比太极拳强数倍不止。从技击而论，一狠二毒三功夫，所谓太极拳之无敌，只不过是传说。太极拳主要用于修身养性，尤其在当下更是如此。

互联网上说，1915 年，先生（即孙禄堂老先生，下同）撰写、出版《形意拳学》一书；1916 年，先生撰写、出版《八卦拳学》一书；1919 年，先生撰写出版《太极拳学》一书；1923 年，先生撰写、出版《拳意述真》；1925 年，先生撰写、出版《八卦剑学》一书。其实，据剑云先生说，孙禄堂老先生写这五部拳学著作，有多种目的，并不是要后世子孙将孙式三拳三剑都练下来。我的一些师兄弟常年坚持练孙式三拳三剑，但我记得，当年剑云先生说，老先生将孙式太极拳三拳三剑都记述下来，是想说明自身武学的来源。剑云先生说，到她这一代，孙式三拳三剑可都练，也可不都练，自己作为女儿，不练觉得许多问题不能说得更明白，所以坚持一生修习不辍。剑云先生绝不主张她的弟子们都练，她说这样不利于传承，恐怕由于精力不济、不能深研而失之于泛泛，但所有她的亲传弟子都经历孙式三拳三剑的学习，然后各人再根据自身条件各取所需。

所有剑云先生的亲传弟子，在学习孙式三拳三剑之前，都先练三体式（在孙式太极拳道功中称三体万物），但每人练习方法不完全相同。初始时的一个共同点是：伸长的胳膊上臂里拧，前臂外拧，手前挺，尽量前伸与口鼻约略平齐等。但孙式太极拳道功就不这样练，而且一定要忘却这样的练法，否则不利于孙式太极拳道功空性之把握。在此强调一下，针对我的这支非遗传习弟子学员，我的个人意见是均放弃这种练法。本支非遗传习弟子学员，要坚持分三部分修习孙式太极拳道功：站无极禅定桩求净，站太极冥想桩求静，行书院行功活桩求敬。将寻求或把握此"净、静、敬"之孙式太极拳道功三字诀要旨作为修习目标。此外，据剑云先生说，写作《八卦剑学》的目的之一是日后修习孙式太极拳道功更高阶段的无形剑气修为。

本次讲述提一些具体修习意见。本俱乐部实行学案教学法（三意三形，逐式标定，人人立案，理悟方行，主张"七步九点论"和"五心八节论"），设导师一位，副导师若干。导师暂时由我本人充任，副导师由我届时指定。学习任务如下。

（1）查阅微信公众号"七老图山人太极书院"上的诸篇文章和录像，写出文字体会，多寡不限。交给各自的副导师。

（2）理清无极禅定八个境界之次第，和各自副导师通过微信说明次第，写入学案（个人书写），再由副导师亲自执笔写入学案，最后由我执笔写入学案。

（3）请写明每日修习无极禅定的时间。时间允许则每日做，随己安排即可。

（4）修习三体万物，熟记"推、拉、沉、合、顶、挺、摁"建德七字要诀。修习时间、体会由本人、副导师和我如任务（2）写作。

（5）各地俱乐部学员副导师暂时指定如下。

大同修习副导师：旃檀寺法钢大师、张建伟贤棣先生、冯纪华兄贤棣先生、张跃刚兄贤棣先生。管理导师肖家辉贤棣（收集、整理学案教学法文字资料，胡勇刚贤棣协助）。

赤峰修习副导师：刘福俊又贤棣先生（负责）、张殿山贤棣先生、王海兄贤棣先生，李红军贤棣先生。管理导师王文强又贤棣先生（收集、整理学案教学法文字资料，刘春吾又又贤棣女士和张博雯又贤棣女士协助）。

建德修习副导师：张殿山贤棣先生、王海兄贤棣先生、许仁昌贤棣先生、章键又贤棣先生、冯纪华兄贤棣先生、友人李群长兄先生、李红军贤棣先生。管理导师章毅又贤棣先生（收集、整理学案教学法文字资料）。

北京修习副导师：胡凌清贤棣女士、姚静贤棣女士、友人李群长兄先生、友人王欣大姐、友人张培武兄先生、友人袁海存兄先生、李红军贤棣先生。管理导师杜珊丽女士（收集、整理学案教学法文字资料，许萱女士和吴旭红女士协助）。

# 附录五　蒙古密法传奇（节选）

　　咸丰十年（1860 年），英法联军自海入侵，京洛骚然，咸丰帝遂避难热河。应卓索图盟土默特固山贝子索（特那）纳木色登之托，18 岁的天河大居士率部勤王，识醇郡王奕譞于热河避暑山庄烟波致爽殿附近一小围场中。时天河大居士正策马驰骋射击，枪枪命中，观者甚众，欢声雷动。陪同奕譞郡王之蒙古活佛介绍说，此人是当代蒙古密法法王、成吉思汗十七世孙俺答汗后裔、道光帝固伦额驸玛尼巴达喇王爷之侄天河大居士，文武称名蒙疆，此次特来热河勤王。奕譞郡王答：是姑丈玛尼巴达喇郡王之侄，吾自家人也。遂相结纳，奕譞郡王长天河大居士两岁，遂称天河大居士为弟，天河大居士呼奕譞郡王为王兄。自此相与数十年不渝，后曾为醇亲王载沣师。载沣为摄政王时，天河大居士之子景荣大居士顾问左右。至辛亥后，摄政王龙归潜邸，景荣大居士获封民国首任蒙古密法法王。景荣大居士归故乡卓索图盟土默特，摄政王设宴相送，话及此段相遇，泪花隐现。此确乃蒙古密法传奇中的一段佳话，暂且搁下不表。

# 鸣　谢

2020 年 4 月 10 日星期五，《孙式太极拳心解——三十年道功修习体悟》一书终于定稿。2011 年《孙式太极拳拳架解析》由山西科学技术出版社付梓后，我即筹划撰写本书。说来话长，自 1992 年师从剑云先生修习孙式三拳三剑，后进入孙式太极拳道功修习阶段，至今已近 30 年。修习道功期间，剑云先生曾语老先生（孙禄堂先生）和友人煞费苦心营造孙式太极拳十三开合肇造孙式太极拳道功之基，又语择机择时徐图使之流行乃至广布社会。谆谆叮嘱，言犹耳畔，流连于心，不敢忘怀。而今，北京科学技术出版社付梓在即，余感而念之。

庚子大疫，世界震动，愿孙式太极拳道功修习能够有力平复灾难，抚慰人心，和谐社会，助益和平。

京城机电北开集团、北人集团合共举办非物质文化遗产代表性项目孙式太极拳传习 88 场约历 10 年。

中国航空体协、航空工业集团总部及诸多直属和成员单位，清华大学、北京大学等学术机构，诸多社会组织机构单位等赞助孙式太极拳传播多年。

北京市朝阳区区级非物质文化遗产保护中心和孙式太极拳非遗传承的第三代、第四代、第五代、第六代、第七代等诸位传人学员们多年来襄助传播。

书稿写作期间，姚静女士、胡凌清女士，我的夫人唐艳华女士逐字订正，文稿终成。

最后感谢北京科学技术出版社诸位老师玉成此书。

意象中，我的师爷孙禄堂先生，我的老师孙剑云先生遥居仙境，相视莞尔……

孙式太极拳第三代传人　张大辉

2020 年 4 月 11 日星期六

于东方太阳城

人文武术精品书系

北京科学技术出版社

## 武学名家典籍丛书

| | |
|---|---|
| **杨澄甫武学辑注**<br>《太极拳使用法》《太极拳体用全书》 | 杨澄甫 著<br>邵奇青 校注 |
| **孙禄堂武学集注**<br>《形意拳学》《八卦拳学》《太极拳学》<br>《八卦剑学》《拳意述真》 | 孙禄堂 著<br>孙婉容 校注 |
| **陈微明武学辑注**<br>《太极拳术》《太极剑》《太极答问》 | 陈微明 著<br>二水居士 校注 |
| **薛颠武学辑注**<br>《形意拳术讲义上编》《形意拳术讲义下编》<br>《象形拳法真诠》《灵空禅师点穴秘诀》 | 薛 颠 著<br>王银辉 校注 |
| **陈鑫陈氏太极拳图说**（配光盘） | 陈 鑫 著 陈东山 陈晓龙 陈向武 校注 |
| **李存义武学辑注**<br>《岳氏意拳五行精义》<br>《岳氏意拳十二形精义》《三十六剑谱》 | 李存义 著<br>阎伯群 李洪钟 校注 |
| **董英杰太极拳释义** | 董英杰 著 杨志英 校注 |
| **刘殿琛形意拳术抉微** | 刘殿琛 著 王银辉 校注 |
| **李剑秋形意拳术** | 李剑秋 著 王银辉 校注 |
| **许禹生武学辑注**<br>《太极拳势图解》<br>《陈氏太极拳第五路·少林十二式》 | 许禹生 著<br>唐才良 校注 |
| **张占魁形意武术教科书** | 张占魁 著 王银辉 吴占良 校注 |
| **王茂斋太极功** | 季培刚 辑校 |
| **太极拳正宗** | 杜元化 著 王海洲 点校 |
| **太极拳图谱**（光绪戊申陈鑫抄本） | 陈 鑫 著 王海洲 藏 |

## 武学古籍新注丛书

| | |
|---|---|
| **王宗岳太极拳论** | 李亦畬 著 二水居士 校注 |
| **太极功源流支派论** | 宋书铭 著 二水居士 校注 |
| **太极法说** | 二水居士 校注 |
| **手战之道** | 赵 晔 沈一贯 唐顺之 何良臣 戚继光<br>黄百家 黄宗羲 著 王小兵 校注 |

## 百家功夫丛书

|  |  |
|---|---|
| 张策传杨班侯太极拳108式（配光盘） | 张喆 著 韩宝顺 整理 |
| 河南心意六合拳（配光盘） | 李洳波 李建鹏 著 |
| 形意八卦拳 | 贾保寿 著 武大伟 整理 |
| 王映海传戴氏心意拳精要（配光盘） | 王映海 口述 王喜成 主编 |
| 张鸿庆传形意拳练用法释秘 | 邵义会 著 |
| 华岳心意六合八法拳 | 张长信 著 |
| 戴氏心意拳功理秘技 | 王毅 编著 |
| 传统吴氏太极拳入门诀要（配光盘） | 张全亮 著 |
| 吴式太极拳八法（配光盘） | 张全亮 马永兰 著 |
| 拳疗百病——39式杨氏养生太极拳（配光盘） | 戈金刚 戈美葳 著 |
| 尚济形意拳练法打法实践 | 马保国 马晓阳 著 |
| 非视觉太极——太极拳劲意图解 | 万周迎 著 |
| 轻敲太极门——太极拳理法与势法 | 万周迎 著 |
| 冯志强混元太极拳48式 | 冯志强 编著 冯秀芳 冯秀茵 助编 |
| 刘晚苍传内家功夫与手抄老谱 | 刘晚苍 刘光鼎 刘培俊 著 |
| 赵堡太极拳拳理拳法秘笈 | 王海洲 著 |
| 京东程式八卦掌 | 奎恩凤 著 |
| 功夫架——太极拳实用训练 | 朱利尧 著 |
| 道宗九宫八卦拳 | 杨树藩 著 |
| 三十七式太极拳劲意直指 | 张耀忠 张林 厉勇 著 |
| 说手——太极拳静思录（全四卷） | 赵泽仁 张云 著 |
| 太极拳心法体用——验证与释秘 | 宋保年 杨光 编著 |
| 宋氏形意拳及内功四经精解 | 车润田 著 车铭君 车强 编著 |
| 陈式太极拳第二路——炮捶 | 顾留馨 著 |
| 孙式太极拳心解——三十年道功修习体悟 | 张大辉 著 |

## 民间武学藏本丛书

|  |  |
|---|---|
| 守洞尘技 | 崔虎刚 校注 |
| 通背拳 | 崔虎刚 校注 |
| 心一拳术 | 李泰慧 著 崔虎刚 校注 |
| 少林论郭氏八翻拳 | 崔虎刚 校注 |
| 拳谱志三 | 崔虎刚 点校 |
| 少林秘诀 | 崔虎刚 校注 |
| 拳法总论 | 崔虎刚 点校 |
| 少林拳法总论 | 崔虎刚 点校 |
| 母子拳 | 崔虎刚 点校 |
| 绘像罗汉短打 | 升宵道人 编著 崔虎刚 点校 |
| 六合拳谱 | 崔虎刚 点校 |
| 单打粗论 | 崔虎刚 点校 |

## 拳道薪传丛书

| | |
|---|---|
| 三爷刘晚苍——刘晚苍武功传习录 | 刘源正　季培刚　编著 |
| 乐传太极与行功 | 乐匋　原著　钟海明　马若愚　编著 |
| 慰苍先生金仁霖太极传心录 | 金仁霖　著 |
| 中道皇皇——梅墨生太极拳理念与心法 | 梅墨生　著 |
| 杨振基传太极拳内功心法 | 胡贯涛　著 |
| 卢式心意拳传习录 | 余江　编著 |
| 习练太极拳之见闻与体悟 | 陈惠良　著 |
| 廉让堂太极拳传谱精解 | 李志红等　编著 |
| 武当叶氏太极拳 | 叶绍东　何基洪　蔡光復　著 |
| 功夫上手——传统内功太极拳拳学笔记 | 陈耀庭　著　霍用灵　整理 |
| 会练会养得真功 | 邵义会　著 |
| 八极心法——传统八极拳，现代研究修法 | 徐纪　著 |
| 犹忆武林人未远<br>——民国武林忆旧及安慰武学遗录 | 安慰　著　阎子龙　田永涛　整理 |

## 功夫探索丛书

| | |
|---|---|
| 内家拳的正确打开方式 | 刘杨　著 |
| 借力——太极拳劲力图解 | 戴君强　著 |
| 武学内劲入门实操指导 | 刘永文　著 |
| 武术的科学：实战取胜的秘密 | 〔日〕吉福康郎　著　宋卓时　译 |
| 格斗技的科学：以弱胜强的秘密 | 〔日〕吉福康郎　著　宋卓时　译 |

## 格斗大师系列

| | |
|---|---|
| 伊米大师以色列格斗术 | 〔以〕伊米·利希滕贵尔德，伊亚·雅尼洛夫　著　汤方勇　译 |